어느 現象學者의 日記
Diario Fenomenologico

DIARIO FENOMENOLOGICO

1961 edition with 1973 Introduction

ENZO PACI

PHENOMENOLOGICAL DIARY

Translated in English from the Italian by Luigi M Bianchi
Translated in Korean from the English by Lee Chan-Woong

어느 현상학자의 일기

엔조 파치 지음 / 이찬웅 옮김

E
2000

어느 현상학자의 일기

지은이 엔조 파치 / 옮긴이 이찬웅 / 펴낸이 이일규 / 펴낸곳 이후
기획 이후 / 편집 김정한 정철수 / 디자인 홍수진 / 마케팅 김현종

첫번째 찍은 날 2000년 12월 5일 / 등록 1998. 2. 18(제13-828호)
주소 120-816 서울시 마포구 동교동 113-82 기평빌딩 2층
영업 02-3143-0905 편집 02-3143-0915 팩스 02-3143-0906 홈페이지 www.e-who.co.kr
전자우편 ewho@e-who.co.kr / ISBN 89-88105-26-5 03100 / 값 9,000원

차례

※ 일러두기

1. 한글 전용을 원칙으로 하되, 이해를 돕기 위해 한글 다음에 한자나 외국어를 표기했다.

2. 원문 중 이태릭체로 된 부분에서, 저서, 논문, 작품명은 겹낫쇠(『 』)로 표시하여 옮겼으며, 영어 이외의 외국어를 나타낸 경우에는 이태릭체로 옮겨 적었다. 그리고 그 외 강조된 부분은 고딕체로 옮겼다.

3. 원문 중 큰 따옴표 구절은 그대로 큰 따옴표로 묶어 옮겼다.

4. 작은 따옴표는 원문에 없으나 의미 전달을 보다 용이하게 하기 위해서 사용하였다.

5. 본문이나 주에 들어 있는 '[ ]' 안의 내용은, 별도의 단서가 붙어 있지 않는 한 우리말 옮긴이가 독자들의 이해를 돕기 위해 덧붙인 것이다.

추천의 글

현상학의 창시자인 후설의 최초의 체계적인 저서인『논리 연구』가 1900년에 출간되었으니 올해는 현상학이 탄생한 지 1백 년이 되는 해라 할 수 있다. 후설에 의해 시작된 현상학적 운동은 그 이후 독일, 프랑스, 미국, 동유럽, 동아시아 등으로 퍼져나가기 시작하여 21세기에 접어든 지금 현상학은 지구촌 구석구석에서 연구되고 있으며, 여기 저기에 나라별로 혹은 지역별로 나름대로 현상학 전통이 수립되어 있다. 이러한 여러 현상학적 전통 사이의 상호 대화는 21세기 지구촌의 현상학의 전개과정에서 아주 중요한 역할을 담당할 것이다.

이러한 여러 현상학 전통 사이의 상호 대화와 관련하여 그 동안 한국 현상학계에 이미 소개되었어야 하는 데도 아직까지 거의 소개되지 않은 현상학 전통이 있다면 그 중의 하나가 바로 이탈리아 현상학이라 할 수 있다. 이탈리아 현상학은 약 80년의 역사와 전통을 자랑하고 있는데, 이러한 이탈리아 현상학의 전개과정에서 가장 중요한 위치를 차지하는 현상학자 중의 하나가 바로 이 일기의 지은이인 엔조 파치 Enzo Paci이다. 엔조 파치는 이탈리아 밀라노 현상학파의 중심적인 인물이다. 1950~1960년대에 이탈리아에서 후설의 현상학은 일면적인 관념론 혹은 주지주의로 인식되었는데, 그는 후설의 사후에 출간된 『후설 전집』 및 후설의 미간행 유고들을 연구하여 이러한 후설의 현상학에 대한 인식이 그릇된 것임을 밝혀가면서 자신의 철학을 전개해나갔다. 그의 철학의 목표는 당시 이탈리아 지성계에 커다란 영향을 끼쳤던 맑스주의와 현상학 사이의 철학적 대화를 모색하는 일이었다.

이 책은 저자가 1956년부터 1961년 사이에 있었던 자신의 현상학적 체험을 기록한 일기로서 저자 스스로 일상 생활, 일상적 체험에서 출발하여 저 심원한 현상학의 세계에 도달하게 된 길을 생생하게 그려주고 있다. 따라서 이 일기는 저자 스스로 밝히고 있듯이 독자들도 저자를 따라 생활세계적 체험에서 출발하여 저 현상학의 세계에 도달할 수 있는 길에 대한 기록이며, 그러한 한에서 생생한 체험에 기초한 '현상학 입문'이라 할 수 있다. 실제로 이 일기에는 지향성, 의식, 환원, 주체, 생활세계, 지평, 역사, 상호주관성을 비롯한 여러 가지 현상학의 근본 개념들을 저자 스스로 어떻게 구체적인 체험과 결부시켜 이해하고 있는지 생생하게 기록되어 있다. 이 일기를 통하여 일반 독자들이 난해하기로 소문난 현상학의 세계에 조금이라도 더 쉽게 접근할 수 있기를 바라며, 동시에 이 일기의 한글판 출간이 엔조 파치의 현상학, 더 나아가 이탈리아 현상학이 한국 지성계에 더 많이 소개될 수 있는 계기가 되길 기대해본다.

2000년 11월 21일

이남인(서울대 철학과 교수)

머리말

현상학이라는 용어는 1764년 람베르트 J. H. Lambert가 처음 사용한 이후, 칸트, 헤겔 그리고 후설이 사용했다. 오늘날 이해하는 바로는, 현상 phenomenon이란 나타난 것, 우리의 눈에 보이는 대로 보는 것, 그리고 그것을 있는 그대로 정확히 볼 수 있기 전에 앞서 판단을 내리지 않고 충실히 기술할 수 있는 것을 말한다. '앞서-판단함 pre-judge'이란 사물을 보기 이전에 어떤 판단을 표현한다는 의미이다. 다른 말로 하자면, 우리 자신을 선입견 prejudice에 의존하도록 한다는 말이다. 현상학이 "사태 그 자체"로 되돌아감이라고 지금까지 말했던 것은 이런 이유에서이다. 또한 현상학은 주체, 코기토 Cogito로 되돌아감이다—인위적인 범주로서의 주체가 아니라, 일인칭 상의 본래의 주체로 되돌아감인 것이다. 이 주체는 우리들 하나 하나이며, 추상적 범주나 순수 사유가 아니다. 이것을 수행하기 위해서는, 실제로 [우리가] 살아내는 것으로서 행위와 사실을 경험하기 이전에 만들어진 모든 판단과 지식을 중지하는 것이 필요하다. 달리 표현하자면, 고대 그리스의 회의론자들이 '에포케 epoché'라고 말했던 판단중지를 수행해야 한다. 어떠한 지식과 학문이 되었건 추상적인 개념들과 범주들을 반복하는 것이 아니라, 그 토대에 해당하는 작업수행들 operations을 항상 반복해서 시작해야 할 필요가 있다.

앞서 획득된 후 [우리가] 다시 살아내지 않는 결과들이 남긴 유산에 기초한 학문은,『유럽 학문의 위기와 초월적 현상학』에서 후설이 기술한 의미대로의 위기 상태에 빠지게 된다. 후설이 과학에 반대한다고 생각해서는 결코 안 된다──이런 생각이 단순한 견해임은 실로 명백하다. 후설은 작업수행에 근거를 두고 있지 않은 과학을 비판하며, 따라서 토대의 문제를 제기한다. 현대의 과학과 마찬가지로 갈릴레오의 과학조차도 언제나 자신의 발견들을 망각할 수 있으며, 따라서 자기 자신을 재발견할 수 있다. 후설은『논리 연구』에서 학문의 토대인 구체적인 작업수행을 옹호할 뿐만 아니라, 학문에 본질적인──언어적인 그리고 의미론적인──용어들을 분석한다. 그리고 그의 이상 理想은 엄밀학으로서의 철학이다. 궁극적인 이념은 진리이며, 이 진리는 세계와 역사에 합리적 구조를 부여한다. 진리는 정적인 존재가 아니라, [우리가] 살아옴으로써 얻은 하나의 의미이다. 우리 각자가 성취하지만 종종 잊어버리는 이 의미는, 에포케의 수행과 행위들에서 계속 다시 발견되며, 시간 속에서 항상 새로워진다. 실제로 우리는 무엇을 하며, 실제 매일 어떻게 사는가? 바로 이 질문이, 특정한 의미에서의 현상학으로 인해 어떻게 다음과 같은 일기가 가능했는지를 이해할 수 있게 해준다.

새로운 의미의 일기, 즉 단어들의 지시를 받지만 단어 그 자체는 아닌 것에 자리를 내주기 위해 추상적인 단어들이 사라지는 일기 말이다. 일기가 아직 현상학은 아니겠지만, 현상학으로 들어가는 입문서는 될 수 있을 것이므로, 마침내 나는 1956년에서 1961

년에 이르는 나 자신의 일기를 선택했다. 이 책을 통해 학자, 또는 현상학을 대충 그려보고자 하는 독자는 어떻게 현상학에 도달할 수 있는지, 그리고 내가 현상학에 어떻게 도달했는지를 알 수 있을 것이다. 내가 지나왔던 길을 이해하고자 하는 이들은 이 『일기』에 이어 『후설 현상학에서 시간과 진리 Tempo e verità nella fenomenologia di Husserl』(1963)와 『학문의 기능과 인간의 의미 Funzione delle scienze e significato dell'uomo』(1963)*를 읽어보면 될 것이다. 이 저작들 다음 으로는 밀라노의 봄피아니 출판사에서 곧 나올 『현상학의 백과사 전을 위한 이념들 Idee per una enciclopedia fenomenologica』이 좋겠다.

나는 몇몇 중요한 지점에서 현상학이 맑스주의에 가까워질 수 있겠다는 생각을 했었고, 이 『일기』는 이 생각을 글로 증명하고 있다.

『이탈리아 철학 비평 Giornale Critico della filosofia italiana』(II, 1961) 에 수록된 「현상학과 대상화 Fenomenologie e obiettivazione」에서 이러 한 화해의 첫 번째 제안을 찾아볼 수 있을 것이다. 이후, 나는 이것에 대해 1962년 10월 24일 프라하에서 열린 학술회의에서 언급했고, 글로는 1963년에 발간된 『아우트 아우트 Aut Aut』제73 호에서 밝혔다. 나는 "대상화"가 "인간을 사물로 환원한다"라는 뜻에서, 즉 능동적으로 노동하는 주체임을 부정당하며, 착취받고 소외되는 인간이란 의미에서 중요한 의의를 지닌다는 데 주목한 다. 이러한 내용은 이 『일기』에도 등장하지만, 일찍이 1961년 저 작에서도 소외—이는 이후 이탈리아 안팎에서 많이 논의된 주제

* 영어판은 The Function of the Sciences and the Meaning of Man, Northwestern University Press, Evanston, 1972.

이다──는 부수적으로 다루어졌다. 내가 알기로는, 그 논쟁도『학문의 기능』이 스페인어와 영어로 출간됨으로써 촉진된 것이었다. 현상학의 목적, '텔로스 *telos*'는 모종의 주체, 어떠한 구체적인 사람도 결코 다른 사람을 착취하지 않는 사회이다. 이것은 단순히 휴머니즘적 맑스주의의 문제가 아니라, 새로운 종합, 사르트르가 말한 새로운 **총체화** totalization, 즉 내가 말하는 새로운 백과사전의 문제이다. 백과사전은 단순히 학문들간의 관계가 아니라, 인간과 인간의 여러 행동이 지닌 총체성과 충만함이다.

나는『존재 철학의 원리 *Principi di una filosofia dell'essere*』(1939)에서 처음으로 현상학에 대해 언급했었다. 그때 현상학은 플라톤이 『파르메니데스』에서 논한 것과 같은, 변증법적이고 모순된 존재에 관한 문제였다. 하지만 너무나도 자주 존재는 고정되고 움직임이 없는, 동시에 일반적인 어떤 것으로 독단적으로 이해된다. 나의 철학은 이와는 다르다. 정태적인 총체성의 이론이나 **존재론**이 아니라, 구체적인 사물과 인간의 철학, 그리고 의미와 진리로서 합리적 방향이 되고, 모든 "도덕성"의 의미와 모든 주체의 의미가 되는 존재의 철학이다. 존재라는 단어는 차라리 실존과 실존의 진리로 해석되어야 한다 ── 이렇기 때문에 현상학은 실존주의의 토대가 된다. 그러나 실존주의가 존재론으로 바뀌고 진리와 합리성, 그리고 논리를 망각하게 되면, 현상학은 실존의 구체성을 망각하지 않으면서도 바로 자신의 권리("진리의 의미")를 되찾으려고 한다. 이것이 바로 내가 하이데거처럼 시간과 존재를 말하지 않고 시간과 진리에 대해 말하는 이유이다. 이러한 용어들에서 현대 철학의 모든 흐름들이 만난다. 나는 용어 사용이 이해할 수 없을 정도로 모호하다고 확실하게 느끼고 있는데, 이것은 어떤 상황의 반영이다. 또 이런 사태는 여러 수준에서 발생한다. 예를 들면, 존재라는 용어는 관념론에 반대하는 것으로서 현실 reality이라는 의미에서 사용할 수도 있으며, 합리적인 것과 논리적인 것의 실재 reality라는 의미도 있다는 데에는 의문의 여지가 없다. 만약 『일기』가 널리 읽혔다면, 그 이유는 우리가 여기서 언급한 유형의 이해 불가능한 담론들이 일상의 경험으로 대체되었기 때문이기도 할 것이다.

무엇보다도 『일기』에는 시간의 의미 sense가 등장하며, 철학적 진리가 일상의 삶에서 육화 incarnation되는 과정이 제시된다. "주체"와 "초월적"이라는 단어는 관념론에서 사용하는 단어이다. 그러나 현상학적 주체는 관념론적 주체가 아니다. 자기 자신의 살아 있는 신체를 가지고 있다는 이유만으로도, 그리고 현상학에서 "초월"은 결코 경험과 분리될 수 있는 사유가 아니라는 점에서 그렇다. "비판적"이라는 의미에서, 어떤 선입견도 받아들이지 않는다는 의미에서, "자연주의적" 선입견마저도 받아들이지 않는다는 의미에서, 현상학이 실증주의적이지 않다는 것은 확실하다. 논리실증주의에 관해서 살펴보면, 논리실증주의의 위기와 발전으로 인해 논리실증주의 자체의 문제가 현상학의 위기 및 발전과 밀접해졌다. 최근의 상황을 보면 현상학 역시 위기에 직면했다는 것을 알 수 있는데, 왜냐하면 현상학도 발전을 멈추지 않았으며, 여러 응용과 마주침들이 언제나 새로운 지평 속에서 현상학을 드러내기 때문이다.

후설의 견해를 현상학적 관념론으로 간주해야 한다고 주장하는 사람들 사이에서 가장 큰 의구심을 불러일으켰던 말이 바로 "주체"이다. 나는 주체란 관계들의 한 양태이며, 일인칭으로 살아온 경험이라고 주장한다. 다시 한번. 우리는 우리 자신이 경험한 것 이외의 다른 것들에서 시작할 수는 없다. 그러므로 주체는 하나의 근본 경험이다. 뿐만 아니라 우리 각자는 자기 자신에게 for itself 하나의 경험이며, 또한 스스로에게 for themselves [마찬가지로] 하나의 경험인 타인들이 존재한다는 점을 인정해야만 한다. 오직 이러한 방식으로만, 만약 복수의 주체들간의 관계가 존재한다면, 타인에 대한 각자의 경험이 모든 양상을 띠며 구성된다. 달리 말하면, 주체는 실체가 아니며, 관계들의 중심으로 언제나 해소된다. 주체를 분석해 보면, 우리는 주체가 물리학과 인문학 모두의 의미에서 시간적이고 공간적인 계기, 역사적인 계기임을 발견한다. 이러한 이유에서 나의 현상학은 실존주의와 관계주의의 문제와 함께 현대 학문의 문제들을 이어받는다. 그러므로, 실례를 무릅쓰고 말하건대, 이 일기의 독자들은 나의 저서 『실존주의에서 관계주의로 Dall'esistenzialismo al relazionismo』(1937)를 참조하기 바란다. 관계주의는 독단적이고 관념론적인 주체를 비판하며, 그 주체를 비가역적인 시간의 계기들로 대체하는 것이라고 말할 수 있다. 현상학이 주체를 다시 그리고 새로운 방식으로 말할 수 있는 것은, 바로 이렇게 관념론을 비판하기 때문에 가능한 일이다. 각 주체는 자신 안에 세계의 구조를 지니고 있다. 그러므로 현상학은 구조주의의 객관적 요구사항을 배제하지 않는다. 초기의 후설이 많은 공헌을 한 바 있는 언어학의 요구사항을 배제하지 않는 것처럼. 그리고 이 새로운 언어학은 자신의 미래를 갖게 되며, 후기 후설의 주제—특히 인간의 문명 전체의 위기로 간주되어야만 하는 위기라는 주제—를 새로운 형태로 재발견하게 된다. 현상학은 관조가 아니다. 현상학은 활동 exercise의 어원적 의미에서 자기-단련 ascesis이다. 이것은 사회의 형상을 바꾸는 변형이며, 이 변형은 자기 안에 자기 파괴의 전제뿐만 아니라 구원의 전제 또한 담고 있다. 일기는 위기를 살아가는, 변증법의 방향을 찾아가는 개인의 길이다. 일기는 공동체에 대한 비판이며, 또한 사르트르가 플로베르에게로 되돌아왔을 때 보여주는 것과 마찬가지로, 각 개인에 대한 비판이다. 이것은 [누군가] 살아왔던 반성이며, 나름의 한계가 있기는 하지만, 만남을 추구하고 삶을 구체적으로 실현하고자 하는 것이다.

엔조 파치, 1973

바리사이파 인들의 죄는 자신들이 눈멀지 않았고 볼 수 있다고 하는 믿음이다. 그리고 그들은 자신에게 반문했다. 우리가 여전히 장님이라고? 그러자 예수는 말했다(요한 복음 9장 41절): "만약 너희가 장님이라면 너희는 죄가 없었을 것이다. 그러나 '우리는 볼 수 있다'고 너희가 말하니, 너의 죄는 남아있다." 눈을 뜨자. 보는 법을 배우자. 이미 볼 수 있다는 믿음을 버리자.

——————————————————————— 1958년 3월 14일 일기에서

1956·3·14, 파비아에서

외떨어져 고립되고, 둘러싸여 거의 갇혀버린, 레오나르도 다 빈치 광장. 거친 질감의 불그스름한 중세의 사탑들. 제비들이 이 사탑들 주위에 몰려든다. 수세기를 거쳐온 침묵. 대학 강의 후 나는 인적 드문 벤치에 앉는다. 다시 시작해야 함을, 지금까지 무언가 잘못되었음을, 찾고 있었던 것을 명확하고 단호하고 면밀하게 추구하지 않았음을 느낀다. 이것은 진실이다: 모든 사실과 고립된 사물에서 모든 사물들간의 연결과 다른 모든 사실들간의 연결이 나타난다. 시간 안에서, 자연과 역사의 시간 안에서. 그리고 개개의 사실이 자신과 같은 전형의 다른 모든 사실들의 형상을 지니고 있다 할지라도, 개개의 사실은 개별화되어 있다. 개별화? 이것이 과연 무엇을 의미할까? 개별은 유일무이한 것이면서 또한 모든 것이다. 이 하나가 자신 안에 여타 모든 것과의 전형적이고 본질적인 관계를 가지고 있음을 발견할 때, 철학은 시작한다. 어떤 사실도 단순히 개별적이지 않고, 단순히 보편적이지 않다. 이렇듯 없어서는 안 되는 사실의 매개 mediation는, 사람이 짐승이나 천사가 아니듯, 어떤 사물이나 사상이 아니다. 각 현실은 추상적 보편성 이상의 어떤 것이며 절대적 현실 이하의 어떤 것이다──단일한 singular 또는 총체적인. 나, 곧 주체는 제1의 사실이다. 관념론의 주체도, 절대자도 아닌, 유한과 무한의, 빛과 그림자의 구체적 만남인 것이다. 한 인간으로서, 자신 안에 세계를──비록 자신이 이 세계를 알지 못한다 하더라도──가진 인간으로서의 나. 인간: "모든 경탄할 만한 점에서 존엄한 동물 *dignum omni admiratione animal*," "세계의 매개 *medium mundi*." 인간은, 천상에 머물지도 않고 지상에 머물지도 않으면서, 암흑에 다시 들어갈 수도 있고 진리를 불러일으킬 수도 있다. 자신 혼자의 힘으로가 아니라——살아 있거나 죽은 타인들과 함께——모든 이들, 모든 주체와의 관계 속에서. 인간은 이성 때문에 삶을 선택할 수도 있지만, 죽음과 원자력의 자기 파괴 때문에 삶을 선택할 수도 있다. 그러나 인간은 "모든 경탄할 만한 점에서 존엄하다 *dignum omni admiratione*." 왜냐하면 인간은 자신 안에 진리를 지니고 있기 때문에, 자신 안에 진리의 명증성을 가지고 있기 때문에, 악 惡에 관해 말할 수 있기 위해서는 자신 안에 선 善을, 선한 삶을 가지고 있어야 하기 때문이다 ——여기에서 선한 삶이란, 바로 이것이 일인칭 시점에 선 자신의 **지향적 삶**이기 때문에, 주체인 자신이, 이제 주체로 등장하는 자신이, 부정할 수 없는 삶이다. 하지만 이것은 후설의 철학이며, 그리고 나를 절대화하는 것과는 정반대이다. 왜냐하면 이것은 [무언가를] 관계하는 매개이고, 인간이 자신 안에 지닌 진리의, 그리고 역사와 시간과 세계 안에서 실현되어야만 하는 진리의 자기 인식이기 때문이다. 진리의 의미로서의 개별화. 과제가 되는 진리. 구성되기 이전의 사회를 이제 구성하기 위해서, 살아 있는 것으로 만들기 위해 [구성되기 이전의 사회를] 부정하는 진리. 인간을 위한 근본적 변형. 지금까지와는 전혀 다른 모습으로 인간이 되는 것. 하지만 이것은 후설이 코기토 *Cogito*로 돌아가는 것이 아닌가? 나의 관계주의 relationism가 현상학의 부활 없이 가능할까? 실존주의는 사실에 관한 의심을 드러내는 일종의 상황이다. 우리가 지닌 진리의 긍정성 없이는 부정성이 포착될 수조차 없다는 점을 보여

주었던 것은 옳은 일이었다. 우리가 이것을 인식하지 못한다고 하더라도 말이다. 사람들은 자신이 속해 있는 역사적 시기에 살고 있고, 우리 안에는 이 시기의 모순들, 즉 진리와 오류들이 싸우고 있다. 자신 안에 있는 **진리의 의미**, 즉 세계의 텔로스를 재발견하기 위해서 다시 시작해야 할 필요가 있다. 우리의 연구에 다시 착수하고 정정하고 우리의 "순수하지 못한 의식"을 태워 없애야 할 필요가 있다. 우리가 걸어 왔던 길을 반성하는 순간, 끔찍하게도 우리가 가진 협소한 무능함에 직면한다. 우리는 오류, 암흑, 자만, 피상성이 우리 안에 있음을 감지한다. 하지만 우리 자신 내부에는 진리와 삶이 [또한] 존재한다. 그리스의 세계. 페리클레스. 아테네의 실수. 투키디데스에서 사과나무 Apple-Trees와 대화. 소포클레스[1]는 광기의 현존을 느낀다. 에우리피데스는 트라키아에서 피난처를 찾았다. 만일 아테네가 자신에게 낯선 곳이 된다면, 낯선 이들과 함께 머무르는 것이 낫다.

마키아벨리는 고대인들에게 질문하고, "그들은 자신의 인간성에 대해서 마키아벨리에게 대답한다." 새로운 르네상스? 모든 인류를 위한 르네상스?

---

1. Sophocles(기원전 496경~406). 아이스킬로스 및 에우리피데스와 더불어 고대 그리스의 3대 비극작가 가운데 한 사람. 그는 123편의 희곡을 썼지만 지금까지 남아 있는 것은 7편뿐이며, 가장 널리 알려진 작품은 『오이디푸스 왕』와 『안티고네』이다. 그는 복잡하고 모순된 경험을 고대 그리스의 다른 어떤 극작가들보다 깊은 통찰력을 갖고 심오하게 표현했다.

에드문트 후설 Edmund Husserl(1859~1938)

독일의 철학자. 의식의 분석과 기술을 통해 엄격한 학문으로서 철학을
얻기 위한 방법인 현상학을 창시했다. 이 방법은 체험 생활의 구조와 관심
속에서 모든 철학 체계와 과학 체계가 생겨나고 이론이 발달한다는 점을
지적함으로써, 경험론과 합리론 사이의 대립을 해소하려는 노력을 보여준
다. 현상학의 방법론적 기본원리는 후설이 현상학적 환원이라고 부른 것
이다. 현상학적 환원은 해석되지 않은 원초적 경험과 사물의 본질에 대한
탐구에 철학자의 관심을 집중시킨다. 이런 의미의 환원을 '형상적' 환원이
라고 한다. 대표작으로는 『논리 연구』, 『순수 현상학과 현상학적 철학의
이념들』 그리고 『유럽 학문의 위기와 초월적 현상학』 등이 있다.

1956·4·2

사탑들. 과거. 그것들의 의미과 근거를 느끼는 것. 사탑들이 살아 왔고 계속해서 살아갈 세계 속에서, 그것들을 구성하는 여러 관계 속에서의 그들의 역사, 이 모든 것이 나를 구성한다. 그것들을 기록문서가 되게 하고, 그것들의 침묵을 하나의 이름으로 열매 맺도록 하는 것. 그것들을 깨우고, 나를 깨우는 것.

1956·4·10

이 고풍스러운 중세의 사탑들, 이 견고한 과거. 대상 object을 변경 하는 것은 어렵고 좀처럼 허용되지 않는다. 이것들은 나의 주관성 으로 녹아들 수 없는가? 그러나 자연과 역사는 우리와 분리되어 있지 않다. 우리는 잠들어 있다, 이것들 안에 대상화된 채로. 우리 —— 잠에서 깨어나기를 기다리는 우리.

1956·4·12, 밀라노에서

우리와 사물들은 신비스러운 즐거움, 프루스트 Marcel Proust가 마 르틴빌르의 첨탑이 있는 건물들과 관련하여 말한 "그 특별한 즐거 움"으로 연결되어 있다. "그 첨탑의 형태, 그 윤곽의 이동, 그 표면 의 햇빛을 확인하고 주의하면서, 나는 내 인상이 여기에서 끝나는 것이 아님을, 이 움직임과 밝음 뒤에 어떤 것, 첨탑이 있는 건물이 포함하면서 동시에 드러내는 듯한 어떤 것이 있음을 느꼈다."

"뒤에" 있는 어떤 것이 아니라, 은폐되어 왔던, 혹은 **퇴적되어** 온, 그리고 현재에서 미래를 향해 이제 밝혀져야만 하는 어떤 것. 우리의 전 全 일생은 명증한 현존인 고로, 과거를 다시 깨우고 명쾌하게 한다 ──이것은 **되찾은 시간** *temps retrouvé*이다. 한때 잠들었던 진리는 이제 변형되어, 전형적 진리, 본질적 형태가 된다. 그러나 진리가 잠에서 깨어남에 따라, 그것은 진리 스스로를 추구하며, 계속해서 자신을 구성하는 상호적 관계들 속에서 자신을 정정해가고, 텔로스 즉 자기완성을 쉬지 않고 추구한다.

1956·4·13

우리의 삶을 소비함으로써 새로운 삶이 펼쳐진다는 것을 ──이것이 지성에게는 역설이겠으나 ── 우리는 매 순간 지각하게 되는데, 그 이유는 우리가 매 순간 그것을 살아내기 때문이다. 그러나 우리가 그것을 지각한다는 바로 그 이유 때문에, 고생대의 나무숲이 뭉개져 석탄이 되듯이, 우리가 소비하는 과거가 하나의 현실이 되는 것은 필연적이다; 그 나무숲을 형성하고 발생시키고, 소비하고 죽인, 그리고 마침내는 석탄으로 변형시켜 버렸던 그 과거가 하나의 현실로 되는 것이 그러하듯이. 사실 우리가 지각하는 것은 바로 그렇게 해서 생겨난 현실이다. 오늘날 나를 따뜻하게 해주는 열을 지각하는 것은, 동시에 지구에 인간이 나타나기 약 3억 년

전에 나를 앞질러 살았던 그 나무숲의 현실을 지각하는 것이다. 그리고 내가 지각한 것을 추상적인 담론으로 밀어 넣어 독단적인 것으로 만들지 않는다면, 내가 지각한 대상이 과거에 어떠한 것이 었는지를 알지 못한다 할지라도, 나는 다음과 같은 점을 느낄 수는 있게 된다. 인간 이전에 지구상에 어떤 존재가 있었고, 우리가 보통 생명체라고 부르는 것 이전에 어떤 존재가 있었다는, 어떤 존재에는 항상 이에 선행하는 존재가 있었다는 것 말이다. 나의 존재 이전에, 인간의 존재 이전에, 지구, 태양계, 은하계의 존재 이전에 있었던 또다른 존재. 아마도 이것 때문에 오늘 나는 나 이외의 존재들로부터 나의 본질을 느낄 수가 있다.

1956·4·14

내가 보는 지평선 horizon은, 나의 시선에 의해 한계지워지고, 나의 눈가를 향한 중심으로부터 희미해져간다. 그러나 이는 내가 다른 지평선들의 존재를 의심한다는 것을 의미하지는 않는다. 돌아서서 다른 관점에 서서 바라보게 되면 아마도 나는 이 지평선들을 볼 수 있을 것이다. 지금 내가 보는 이 지평선을 지각할 때마다 항상 현존하는, 그리고 이 지평선의 지금 모습을 가능하게 하는 지평선들; 내가 지금 도달할 수 있고, 앞으로 도달할 수 있게 될 뿐만 아니라, 더 이상 도달할 수 없고, 결코 앞으로도 도달할 수 없을 지평선들. 지금 내가 인식하는 것들 안에서, 다른 시간들과 되찾을 수 없는 과거가 접목되고, 이것이 현재를 미래에 열려 있도록 만든다. 죽은 과거 때문에 현재는 살아있다. 또한 어떤 과거가 실제로 존재했었다면, 현재는 그 과거를 죽게 할 수밖에 없다.

1956·4·15

모든 것은 우주적 차원에서 내려다보는 조망과 연결되어 있다. 우주는 내 안에서 하나의 욕구, 투사 project, 삶으로 나타난다. 이 삶안에서 우주는 진행될 수 있고, 이 삶 안에서 우주 전체는 인간이 긴장과 지향성을 구성하는데 중심으로 삼는 초점에 관여한다. 자신이 우주의 의미에——그 의미를 부여하도록——둘러싸여 있다는 것을 깨닫는, 또 우주의 과정의 의미를 향한 자신의 책임감을 느끼는 인간은 광물, 식물, 동물, 사물들, 사람들의 각각의 조망과 형상의 존엄을 깨닫는다. 이것은 지향성 intentionality을 향한 경건함 *pietas*이고, 저 신비로운 즐거움을 수용하는 것이다. 이 즐거움은 우리를 사물과 연결하고, 우리가 존재를, 끊임없는 정정을, 조화를 추구해가는 동안에 늘 가슴 설레게 한다.

1956·4·26

삶의 과정, 지향성의 출현은 기술 技術에서 계속된다. 근대 문명의 오류는, 삶이 바로 기술을 통해 제시한 정의와 조화에 대한 단호한 요구에 응답하지 않음으로써 기술을 삶에서 분리시켰다는 것이다. 기능들을 분리하고, 삶의 지향적인 종합을 깨뜨리는 등의 다른 오류를 포함하는 오류이다. 마치 도구가 상호적인 관계들에서 제거되었을 때 기능을 실제로 수행할 수라도 있는 것처럼, 또한 세계의, 인간의, 사회의 기능이 아니라, 자기 자신만으로 수행되는 기능이 실제로 자기-충족적이기라도 하는 것처럼 말이다. 인간은 어떤 집에 거주하게 된다. 그리고 그 집은 "거주를 위한 기계 *machine à habiter*," 거주의 기능을 오직 제공해야만 한다. 하지만 그 집에 거주하는 것은 바로 나이고, 그 집은 나를 둘러싸고 있는 세계, 즉 환경세계 *Umwelt* 속에서 내 몸의 연장 extension이 되어야만 한다. 인간은 반드시 어떤 일을 수행해야만 하고, 그러한 일이 수행하는데 필요한 행위들로 자신을 바꾸어야 한다. 그는 어떤 분야에서 전문가가 되고, 자신의 전문화에 관계없는 것들은 모조리 무시해야만 한다. 그는 열려있지만 동시에 구체적인 총체성을 무시해야만 한다. 오직 이것에 입각해서야 기능이 의미를 획득하게 됨에도 불구하고. 기술의 부자연스러운 사용은 단일성 unity——이 단일성은 절대 도달되어서는 안 되는데, 그럼에도 불구하고 카프카의 세계에서의 법정처럼 위협적으로 현존한다——이라는 이름 하에 인간을 전문가의 카스트 제도로 분류한다. 노동자와 노동 도구의 소유자를 분리하는 것은 기술이 일반적으로 부자연스럽게 사용되는 가장 전형적인 표현이다. 이 도구들은——노동과 자연간의, 감각과 논리적 순서간의, 그리고 감성과 범주간의 일치, 또는 그 도구들이 구성되기 위해서 필요한 일치 때문에, 이들이 또한 칸트가 초월적 도식론 transcendental schematism과 관련해 언급했던 자연의 숨겨진 기술 技術의 표현이기 때문에, 도구들 안에 표출된 삶의 합리적 의미와 관련하여 모순되지 않는 행동 방식을 필요로 한다. 또한 무엇보다 도구들을 단순히 수단이나 추상적이고 분리된 기능들로 다루지 않는 행동방식을, 그리고 다른 이들의 삶을, 즉 다른 이들의 현실적 "주관성"을 단순한 수단으로 강등시키지 않는 인간적 행동방식을 필요로 한다. 그러한 "주관성"을 부정함으로써, 인간 사회는 생산 수단과 모순 관계에 빠져들게 되고, 자기 완결적이고 자율적인 형식적 세계 속에 기술을 고립시킨다. 도구를 사용함에 있어 사회적 관계와 합리성——도구가 진정으로 긍정적인 것이 되기 위해서는 이 합리성을 필요로 하는데——에 기초한 행위를 실현하지 않는다고 위장하면서, 그리고 역사의 지향성과의 일치를 부인하면서, 사실상 마침내 인간은 도구를 자신에 대립되도록 사용하게 된다.

1956·5·2

회귀라는, 즉 비가역성에 대한 승리라는 환상은, 사탄의 눈이——이 사탄은 마야 Maya의 사탄과 같이 우주의 시간적 순환의 현현 顯現인데——우리를 홀릴 때 중얼거리는 마술적인 주문이다. 우리는 태초의 어머니로, 어머니의 자궁의 암흑과 평화로 되돌아가기를 소망한다. 그러나 되돌아가는 것은 불가능하고 어쨌든 우리는 미래로 나아가기 때문에, 바로 이 미래는 태초의 평화, 삶의 노동의 부정, 프로이트가 말한 "문명화의 불만 discontent of civilization"의 부정으로 된다. 이러한 방식으로 살아내는 이 미래는 자기 파괴이다. 이것은, 마야의 여신의 경우에서처럼, 신적 행위로 고양된 자살이다.

  아마존의 숲. 그것의 마술. 그것은 "여기에 머무르시오"라고 말한다. 그리고 그것은 당신을 삼켜버린다. 레치페 Recife의 적도의 기후의 부조리성. 모든 것이 소용없다고, 진리를 향해 나아가는 모든 걸음이 동시에 오류를 향한 뒷걸음이라고 당신을 납득시키려 드는, 이 도시의 소란.

1956·5·4

발레리 Paul Valéry: "우리의 정신은 무질서와 [이것에] 질서를 부여할 필요로부터 만들어진다." 무질서, 불명료, 망각, 페티시즘 fetishism, 불의 不義, 악, 이해할 수 없음에 맞서는 투쟁. 쉬는 것처럼 보이고, 깨어나기를 거부하는 우주에는 어떤 중요한 것이 있다. 깊은 잠. 깨어난 의식에, 진리의 지향성에, 항상 자신을 초월하는 이성에 편드는 것. 그러나 이성은 무의식적이고 기계적인 작업수행들의 집합이나 낱말이 아니다. 그것은 삶 자체이고, 로고스 *logos*이다. 지향성은 살아있는 로고스이다. 추상적이지 않은 의미에서, 그것은 논리 logic이다. 형식화와 논리주의 logicism로 삶의 논리를 죽이는 위험. 모든 것을 초월해서, 모든 것에도 불구하고, 삶을 지속시키는 것으로서의 로고스. 다시 한번 발레리: "어떤 것을 좇기 위해 계속하는 것, 이것은 모든 것에 반하는 것이다. 우주는 자신이 종말에 도달하리라는 불운한 생각을 막기 위해 할 수 있는

28

모든 것을 한다."

1956·6·13

『순수이성 비판』의 변증론 부분을 다시 한번 읽다. 이율배반
antinomies. 첫 번째 이율배반. 칸트가 말하기를, 정립 명제 thesis와
반정립 명제 antithesis는 추상적이거나 형식적인, "합법칙적인" 것
이 아니고, "사물의 본성"에 의존한다. 공간과 시간은 "대상"이
아니다. 종합 명제 synthesis는 완성될 수 없다. 무한. 초월적 무한.
그러므로 변증론은 추상적 구성물이 아니다. 이성——변증론의 단
계——은 그러므로 지성에 반하여 감성론의 단계에 놓여야 한다.
칸트는 감성과 이성 사이에 놓인 이러한 실제적인 공통성을 보지
못했다. 인간은 이성을 느낀다. 인간은 무한한 모습으로 자신에
선행한 과거를 느낀다. 인간은 자신 이전에 지구와 우주의 역사가
있어 왔음을 느낀다. 인간은 자신이 무한을, 규정되지 못한 것을,
아페이론 *apeiron*을 견딜 수 없음을 느낀다; 그 속에서 자신의 실존
을 잃어버릴지도 모른다고 느끼는 것이다. 그는 반응한다. 아페이
론에 대한 느낌 바로 그 안에 한계에 대한 느낌, 페라스 *peras*(『판단
력 비판』에서 "숭고 the sublime"와의 관계들)에 대한 느낌이 있다.
유한과 무한이 가지는 함축은 정적이지 않다고, 일시적이고 계획
된 방향을 가리킨다고 인간은 느낀다. 이 모든 것은 지각의 현상학
에 적용된다.

1956·6·14

궁극적으로는 전적인 무규정, 비—실존이 되어버릴 무한에 반대하여, 실존하는 것은 연속, 리듬, 비트 그리고 모습을 드러낼 일시적인 생성으로서 서 있다. 운율에 따라 낭독함. 회화적인 구조. 리듬은 동일성을 거부한다, 유사성 내에 머무르면서. 점차적인 변경. 탄생, 점차적인 지속. 성숙. 점차적인 소멸. 교차, 결합, 공명, 조화. 이것은 우리가 지각하는 모든 것에 대해, 사물들의 주어짐에 대한 현상학에 대해, 사물들이 현상이 되는 방식에 대해 적용된다. 리듬, 사물들 내의 리듬은 다른 시간과 다른 공간 내에서 배열된다. 리듬의 변화. 후설의 운동감각적인 kinesthetic 분석들. 모양들, 운동에서 기하학적 모양들. 위상기하학. 공간적 공명과 유사성. 비율. 충만함과 공허함. 부피. 큰 덩어리. 이 모든 것은 이론적 추상의 수준이 아니고, 생활세계 *Lebenswelt*의 수준 위에 놓여 있다. 학문으로서의 기하학에, 그리고 동시에 생산적인 기술에 도달하기 위한 이상화.

1956·7·5

자연의 조망성[원근법성 perspectivity]. 자연은, 자신의 여러 관계망 속에서, 곤충의 눈에 떠오른 형상과 인간의 눈에 떠오른 형상을 동시에 포함한다. 구조와 리듬은 다양한 언어로, 다양하게 떠오른 형상으로 번역될 수 있다. 게슈탈트 *Gestalt*의 번역가능성의 문제.

영속과 출현[떠오름] 사이에는 "주인 없는 땅"을 가능케 하는 변증법적 도약이 있다. 메를로-퐁티 Maurice Merleau-Ponty가 세잔느에 관한 에세이에서 말한 것은 키에르케고르의『두려움과 전율 Fear and Trembling』을 생각나게 한다.

1956·7·23

잠자는 것. 사유는 몸과 일치하는 듯 하다: 사유는 몸에서 출현하지 않는다. 잠들어 있는 동안 나는 오직 주체로서 사는 것일까? 하여튼 단지 꿈에 빠진다는 것과는 다르다. 나는 익명의 신체와 같은 것에 깊이 접촉하고 있다. 깨어 있는 동안에 나는 보고 움직이기 시작한다. 나의 몸은 나의 표현들 중의 하나이다. 잠들어 있는 동안 그러한 표현은 현현 顯現하지 않는다. 즉 실제 움직임 속에서 실현되는 것이 아니라 환영 속에 실현된다. 오로지 깨어있을 때만 운동감각적 표현이, 실제로 수행되는 몸짓이 존재한다. 언어 그 자체는 몸짓 속에서, 몸의 생명 속에서 기원을 갖는다. 게슈탈트적 언어.

1956·8·8, 세니갈리아 Senigallia에서

델라 로베레 성 城 절벽에서. "두카 광장." 내가 세 살 반이었을 때, 이 광장에 있는 어떤 집에서 살고 있었다. 창문 밖으로 나는 사탑과 해자垓字와 들어올려지는 다리를 볼 수 있었다. 같은 광장에, 오늘날엔 바비에라에 속하는 궁전. 발렌티노가 비텔리와 그 밖의 다른 이들을 암살했던 궁전.

도시의 요새. 페데리코의 군대가 마을 주변에 캠프를 쳤다는 사실을 시지스몬도——이 사람의 우상을 태워버리라고 피우스 2세가 몇 달 전에 명령했던——가 놀라서 발견했던 날의 아침을 나는 생각하고 있다. 페데리코의 군대는 하룻밤 사이에 사십 오 킬로미터를 답파했었다. 파노의 몰락에 이어 최종적인 패배 직전에 있었던, 체사노 근처에서 시지스몬도의 패배.

체자노는 아주 넓은 지층이 있는 강이다. 내가 이 강을 건너 안 쪽으로 올라가면 내가 태어난 마을을 찾을 수 있다. 체자노 다음에 메타우로, 그리고 그 다음에 우르비노.

우르비노는 마르케 지방의 낮은 산들 중에서 대표적인 곳이고, 다음 구절의 의미가 온전하게 적용되는 곳이다. "희미하게 반짝이는 해안선, 저 멀리서." 우르비노는 해안 마을이 아니었고, 베네치아의 신경을 건드리지 않았다. 언제나 큰 문제를 일으키지 않으며 교황과의 관계를 유지해나갈 수 있었다. 이 지역은 거의 늘 분리된 채로 딱히 고정된 시민권을 갖지 않은 채 불안정한 평형상태 속에서 살아왔다. 그럼으로써 이 지역엔 폭력과는 동떨어진 상징적인 꿈들이 남아 있다: 말라테스타의 사원, 페데리코의 성.

1956·9·22, 밀라노에서

괄호 치는 것, 주관성으로 환원하는 것은 삶이 요구하는 행위이다. 의미 가득하기를 원하고, 자신의 의미와 다른 것들의 의미와 세계의 의미를 선택하고자 하는 삶이 요구하는 행위이다. 살아간다는 것은 저 너머 산다는 것이고, 자신을 초월적 형태들에 투사하는 것이다. 이때의 형태들은——이것은 후설에게 본질들, 즉 형상들 *eide*인데——의미 가득한 삶, 진실한 삶의 전형적이고 본질적 형상이다.

반성. 반성은 시간 속에 살고 자신을 초월하는 그 무엇을 지향하여 자신을 자신 앞에 투사한다. 반성이 발견하는 것은 진리, 내 안에 있었지만 잠든 채 잊혀진 진리이다. 미래로 투사된 응시는, 과거를 다시 깨우고 현재의 실재의 의미를 발견하는 바로 그 응시이다.

1956·11·6

나는 사물을 견고하고 침투불가능한 것으로 경험한다. 공간은 나를 압박하고, 나의 자유를 제한한다. 시간 또한 그렇다. 내가 되돌아갈 수 없다는 것, 즉 비가역성을 경험할 수 없는 것은 명백해 보인다. 나는 비가역성에 대한 전문적 개념에 관하여 말하는 것이 아니라, 개념 이전의, 범주 이전의 살아낸 lived 경험에 관하여, 회귀의 불가능함에 관하여 말하고 있는 것이다. 수년간 나는 이 점을 강조해왔지만, 그러나 물리학자가 사용하는 의미로 내가 열역학 제2법칙에 관해 말하는 것이라고 어떤 이들은 믿고자 한다. 그보다도 나는 물리학이라는 학문에 선행하는 경험에 대하여, 생활세계의 경험에 대하여 말하고 있다. 학문으로서의 경제학에 앞서 존재하는 경제적 요구와도 같이, 비가역성은 생활세계의 토대구조 중의 하나이다. 사실 만약 "경제 구조"(맑스, 『정치 경제학 비판[을 위한 서설]』)가 없다면 경제학도 없을 것이다. 후설은 개체성 individuality과 관련할 때를 제외하고는 이 점을 보지 못했다. 개체는 자신을 반복하지 않고 오직 단 한 번 존재한다고, 그는 적었다.

1957·2·8

신화는, 단어도 그렇지만, 가장 위험한 선물이다. 신화는 온통 흐릿함으로 가득 차 무섭기 그지없는 세계를 드러낼 수 있고, 진리와 오류간의, 삶과 죽음간에 차이가 없다는 것을 폭로할 수 있다. 그러한 비차별성이 도스토예프스키의 『악령 The Devils』에서는 악령의 근거로 등장한다. 그러나 우리가 우리 자신을 분리하지 않을 수 없고, 우리 자신을 어머니의 자궁에 대한 노스탤지어로부터 분리해야만 한다는 점을 신화는 우리에게 밝힌다. 되돌아가는 것은 불가능하기 때문에, 어머니를 잃은 고통은 필요욕구로, 에로스 eros로, 진리를 향한 방향으로, 지향성으로 나타난다. 로고스로서의 삶과 신념, 즉 조화의 가능성에 대한 신념. 감각들의 긴장, 진리

를 향한 영혼의 긴장, 그리고 진리를 실현하기 위한 일상적 노동의
긴장. 신비로운 일들을 전수 받은 이들은 침묵 속에서 밀의 팬
이삭을 보았을 때, 이러한 신념과 유사한 어떤 것을 느꼈음에 틀림
없다.

1957·4·14

매일 우리가 대화를 나누는 사람들, 그리고 자신을 친구라고 말하
는 사람들에게 무슨 말을 하는지 진정으로 생각해 본다면, 아마도
우리는 사막 속에서 사는 것처럼 보일 것이다. 그들이 무엇을 원하
는지, 당신이 무엇을 말하고 행하기를 그들이 소망하는지는 거의
항상 명백하다. 그들이 그렇지 않다고 믿을 때 특히 더 명백하다.
진정한 만남은 매우 드문 일이다. 이 만남이 이루어질 때에는 마치
세계의 뿌리에 도달한 것과 같다──세계를 이치에 맞도록 하는,
속이 꽉 차 있지만 연약한 뿌리. 커뮤니케이션은 감각하고, 동의
하고, 감정이입 *Einfühlung* 하는 것이다.
　이것은 커뮤니케이션에 관한 이론이 아니다. 커뮤니케이션에
관한 철학자들은 종종 커뮤니케이션을 불가능하게 한다. 대다수
인간에게, 우리들 하나 하나에게── 우리가 그러한 부분이니까
── 인생은 외교 外交이다.

1957·4·16

몸과 분리되고 자신의 역사와 분리된 낱말은 없다. 씌어진 낱말은 없는 것이다. 우리가 그 낱말을 쓴 살아있는 사람을 상상할 수는 없다 하더라도, 낱말을 읽는 것을 통해 그것이 최초로 구체화되었던 모습으로, 우리의 것으로 그 낱말을 되돌려 놓는 것이다. 혹 구체화되지 않은 낱말이 가능하다 하더라도, 그것은 아무런 의미를 갖지 못할 것이다. 이것이 바로, 우리에게 말하고 있는 어떤 사람을 우리가 쳐다보고, 그의 인상의 움직임을 보고, 그의 이야기의 리듬, 쉼, 강세, 갑작스런 정지, 침묵을 우리의 몸 안에 나타나게 한다면, 그가 가장하고 있다고 우리가 종종 깨닫게 되는 이유이다.

1957·4·18

만남은 그 두 사람에 한정된 목적만을 지니지는 않는다. 그 목적은 만남의 당사자들을 초월하는 것이다. 목적은 여러 관계의 의미 속에 놓여 있다. 두 사람 모두 의미를 위해 산다. 둘 중 누구도 그저 자기 자신에 불과한 것이 아니라면, 그들 모두가 그들 자신, 진정한 그들 자신인 것이다.

　시선(사르트르). 타인의 시선. 나는 그의 시선 속에서 살고, 나는 이것을 안다. 그는 나를 보고, 그는 나의 말에 귀기울인다. 성적 행위 속에서의 상호간의 육화. 이 두 사람이 각자 자신의 내부에 스스로를 가두는 것, 혹은 다른 사람의 내부에 다른 한 사람이 갇히는 것은 다시 하나의 고독이 된다.

1957·4·22

그의 총체적 인격은 표현이다. 그의 몸: 느낌을 살아내는 방식. 인상, 몸짓, 몸 *Leib*과 영혼 *Seele*의 친교가 되는 언어.

일생 동안 항상 동일하게 남아 있는 스타일과 음악이 있다. 현존하는, 사실 정확히는 대기하고 있는, 기대되지 않은 것을 기다리는 동안에도 말이다.

1957·4·30

생 떽쥐베리. 자신을 분석하지 않고 실현하고자 했던 사람. 그가 [일상적으로] 모험을 필요로 하는 데서 생기는 위험. 그는 자신이 살아 있다는 것을 다시 발견하는 기쁨 때문에 자신의 인생을 모험 속에 내던지고자 했다. 이것은 『전시 조종사 *Pilote de guerre*』에서 명백히 나타난다. 놀랍게도 그는 자신이 가까스로 목숨을 건질 수 있었던 어떤 행동을 묘사하고 있으며, 여기에서 우리는 1944년 사망 당시 그가 유사한 모험을 겪었다고 추측해 볼 수 있다. 흡사 그는 자신의 마지막을 묘사한 것만 같다.

1957·5·1, 로마에서

생 떽쥐베리가 쓴 『성채 *Citadelle*』의 도덕적 태도와 설교조의 젠체하는 문체에 화가 났다. 자신의 의미를 갖기 위해서 생 떽쥐베리는 위험의 한계에 도달해야 했다. 위험에 빠져 있을 때 우리는 자신에 대해 보다 나은 의미를 갖게 되는가? 우리의 주관성의 의미는 보다 강해지는가? 이 년 전 교통사고 후에, 내 기억을 잃어 버렸다는 두려움, 그리고 거기에 내가 현존하지 않았던 게 아닌가 하는 두려움이 일었던 것은 바로 그 기억을 회복하고 있을 때였다. 그러나 기억할 수 있게 되어서야 내가 그곳에 없었다는 것을 나는 알게 되었다. 자신의 현재를 상실한다는 공포는 오직 현존 내에서만 가능하다. 나는 내 자신을 분석하는 것을 그만 둘 수 없었다는 것을 아주 명확히 기억한다. 우리가 이전의 시간에서는 의식하지 않고, 느끼지도 않았다는 것을 이제 깨닫는 것은 무엇을 의미하는가? 지각 안에 있는 비-지각의 현존.

1957·5·8, 밀라노에서

현실과 꿈. 사실적 수준에서 또는 논리적 수준에서 양자를 구별하기란 그렇게 쉬운 일이 아니다. 우리가 향해 있는 그곳, 우리가 자신을 넘어 나아가는 그곳을 느끼는 다양한 정도와 방법에 의해 이 구별이 이루어지는가? 즉 **지향성**의 정도와 방법에 의해?

앙뚜안느 생-떽쥐베리 Antoine de Saint-Exupèry(1900~1944)

프랑스의 작가. 대표작으로 『전시 조종사 *Pilote de Guerre*』와 『어린 왕자 *Le Petit Prince*』 등이 있다. 항공사에서 비행사로 근무하다가 1939년에는 정찰기 조종사가 되었다. 제2차대전 도중 정찰임무를 수행하기 위해 이륙한 후 돌아오지 않았는데, 격추당했다고 추정된다. 그는 비행을 자신의 문학적 원천으로 삼았다. 그는 작품을 통해 목숨을 내건 위험한 모험이야말로 인간의 소명을 가장 숭고하게 실현하는 것이라고 찬양했다.

1957·5·15, 토리노에서

햇빛 넘쳐나는 밀라노-토리노 고속도로에서. 내 눈 앞의 평원은
노란색이었지만, 배경의 평원은 푸른색인 채로 남아 있어, 서로
거칠게 이어 붙인 것만 같았다. 그것의 현존은 노란색에 잠겨,
몹시도 거친 천조각과 같아 보였다. 모양과 선을 굴절시키는 빛.
너무나도 강렬한 지각의 현존. 추상은 일종의 방어인가?

1957·5·18, 밀라노에서

지금은 새벽 세 시 반이다. 창 밖을 바라본다. 멀리서 트럭이 덜커
덩거리며 지나가는 소리. 집을 이해할 수 없다. 사람들이 자신의
벽에 인간적인 삶을 가두어두고 무관심한 채로 집안에 남아 있는
것이 나에게는 불가능해 보인다. 술 취한 사람이 지나간다. 외침
소리.

　철학자: 그는 세계가 항상 새롭다고 생각할 뿐만 아니라, 세계
를 살고, 의무로 지워지는 문제라도 되는 것처럼 자신의 모든 감각
을 동원해 세계를 지각한다. 불가능한 답을 요구하는 말들과 외
침? 그러면 침묵이 찾아온다. 꽉 찬, 떨리는 침묵. 사물들이 이제
막 태어난 천연 그대로인 것처럼 그려지는 그림의 배경. 또한 사물
들은 의미를 얻고, 반투명해지고, 자신의 진리의 의미를 일견 엿
보도록 허락한다. 그러므로 조용히 하라. 사물들을 강요하지 마라.
사물들이 자신을 소개하도록 하여라. 당신이 그것들의 소유자는

아니다.

몸의, 몸 속의 진리. 다양한 종류의 인간성 사이의 감정이입의
문제 내에서 몸의 현상학을 보다 깊게 이해한다는 생각.

브라질의 숲과 바이아에서 보낸 날들에 대한 기억. 나에게 스며
드는 자연의 의미? 대양 앞에서 내가 깨어났던 것? 그러한 고독
속에서 노래하고, 내가 모르는 현악기를 연주했던 흑인.

내 안에서 고통과 노예생활의 오랜 세월을 생각나게 했던 노래
——또는 선조 先祖들의 땅을, 사슬에 묶인 채로 실려온 선조들을,
결코 흑인이 알지 못하는 땅을 생각나게 했던.

1957·5·21

그 흑인. 아프리카가 깨어난다. 이는 지금까지 우리가 인정하기를
원하지 않았던 우리 인간성의 얼굴을 제공한다. 그가 내 마음을
깊숙히 휘저어놓는다는 것을 느낀다. 감정이입: 내가 그에게서,
그 흑인에게서 [교감을] 느끼면, 느끼지 않았으면 영원히 숨겨진
채로 남겨져 있었을 나 자신의 어떤 것이 드러나는 것이다. 따라서
내가 비록 알지 못했다 하더라도, 사람으로서 나 역시 흑인이다.
처음에는 이것 때문에 나는 놀랐고, 내 삶의 토대의 의미와 내
안에 퇴적되어온 역사의 의미를 상실하였다. 그리스의 로고스의
발견. 그러나 이 로고스가 진정한 로고스가 되기 위해서는 단순히
그리스적인 것이어서는 안 된다. 이 로고스는 자기 자신을 포기할
수는 없고, 하지만 로고스이기 위해서는 아직까지 인식하지 않았

던 변경의 부분으로 자신을 느껴야만 한다. 보다 넓고, 보다 깊고, 보다 어려운, 인간적 상호주관성의 구성.

　아프리카의 문명, 아프리카의 사유가 있다. 인도의 문명, 인도의 사유가 있다. 중국의 문명, 중국의 사유가 있다. 그래서 우리 그리스의 사유는, 자기 자신이기 위해서, 다른 사유들 속에서 자신을 발견해야만 한다. 자신을 새롭게 하는 것, 다른 것이 되는 것, 존속하기 위해 다시 로고스가 되는 것.

1957·5·22

흑인이 원시적인가? 또 "원시적"이 뜻하는 바는 무엇인가? 뒤르켐 Emile Durkheim, 레비-브륄 Lucien Lévy-Bruhl. 출간되지 않은 후설의 수고 K III 7과 레비-브륄에 대한 후설의 관심. 어떤 관점에 따르면——그러나 이것은 많은 관점 중 하나에 불과하다——"원시적"인 것은 "전 前범주적"이다. 그리고 이러한 의미에서는 원시적인 것이 낡은 것이 되거나 "문명"에 의해 부정되지 않고, "문명" 내에 계속된다. 나는 "문명"을 따옴표 안에 적는다. 사실 우리의 문명이 위기에 처한 것은 우리의 범주적 문명이 추상적이라는 바로 그 범위 내에서 그러하다. 우리의 문명은 자신의 기원을 "숨긴다." 왜냐하면 우리의 문명은 더 이상 자신이 가진 개념들이 어떻게 형성되어 왔는지 알지 못하고, 그 개념들의 목적과 의미가 무엇인지 알지 못하기 때문이다. 우리의 개념들이 여기저기의 영역에서 유효하겠지만, 사람에 대해서도, 모든 영역에서 움직이는 주체에 대해서도 유효한지에 대해서 우리는 알지 못하는 것이다.

물론 어떤 의미에서는 원시적인 사람이 "야만스럽다"는 것은 참이다. 그러나 이것은 우리, 두 번의 세계대전의 주역인 우리 유럽인들도 마찬가지라는 뜻에서 그러하다. 원시적인 사람이 자신의 야만성으로부터, 가학-피학적인 sado-masochistic 관계들로부터, 공격성으로부터 자유로워져야 한다면, 이것이 진실이라면, 이것이 진실인 정도만큼 우리 역시 야만성으로부터 자유로워져야 한다. 만약 원시적인 사람이 비정상이라면, 그의 감정의 방식이 병리학적인 것이라면, 우리 역시 병리학적이다. 소포클레스에서 아스클레피아데스의 제식 祭式의 의미: 필록테테스처럼 인류는 병들어 있고, 소포클레스는 질병조차, 만일 우리가 이를 인정한다면 긍정적인 기능을 할 수 있다는 것을 알았다. 그러나 우리 유럽인들은 우리의 질병을 인정하고 있나? 헬라스의 자식인 우리는 소포클레스가 이해했던 바를 이해하고 있나?

우리 모두. 피부가 하얗고, 까맣고, 노란 이들은 **급진적 변형**의 과제에 직면해 있다. 이 급진적 변형은, 후설에게서 정적인 단계에서는 코기토로의 귀환으로, 구성적 상호주관성으로 나타나고, 발생론적이고 역사적인 단계에서는 하나의 혁명으로, 합리적 인간성을 수립하는 과제로, 인류를 인간적 본질로서 구성하는 과제로 자신을 드러낸다. 이 과제는 공히 우리에게 그리고 이른바 원시적인 사람에게 동일하다. 후설이 말했던 것처럼 언젠가는 확립될, 인간성의 합리적 완전태 entelechy[2])가 있다. 따라서 야만적이고,

2. 아리스토텔레스는 『영혼론』에서 영혼의 일반적 정의를 제시하면서, 영혼과 신체간의 관계가 형상과 질료간의 관계라고 밝힌다. 존재하는 것들 중에서 가

43

원시적인 사람과 문명화된 유럽인에는 어떤 구분도 없다. 학문과 기술의 성취에도 불구하고, 유럽인은 자신의 야만성이, 때로는 길들여진 채로 남아있기도 하지만, 종종 분출된다는 점을 인정해야만 한다(프로이트). 원시인은 자신의 세계, 즉 전 前범주적이고, 비 非추상적인 세계가 이 세계를 잃어버린 유럽인에게 더욱더 필요하다는 것을 발견한다. 왜냐하면 유럽인은 레비-브륄이 참여 participation라고 부른 것을 잃어버렸기 때문이다. 여기에서 참여란 보편적 상호관계, 관계하는 삶, 그리고 우리의 사상을 신체, 우리가 살아낸 자연, "자연의 숨겨진 기술"("초월적 도식론"의 고갈되지 않는 풍부함)과 연결하는 것이다. 따라서 원시성이라는 가치를 실현하는 것이 야만성과 비합리성으로의 귀환은 아니다. 이것이 바로 확실히 스스로를 문명화되었다고 간주하는 유럽인이 생각하는 바이다.

유럽인과 원시인 모두 보다 깊은 인간의 합리적 본질을 발견해야만 한다. "원시적 세계"를 찾는 것은, 물질 속에, 자연 속에, 육체성 속에, 그리고 학문적 범주가 도출되는 구체적인 전범주적

장 중요한 것은 실체이며, 이것들 대부분은 형상과 질료의 복합물이다. 살아 있는 물체들은 그러한 실체들의 특수한 부류다. 분명히 신체는 그것들의 질료적 구성요소이고, 그러므로 우리는 영혼을 형상으로 간주할 수밖에 없다. 더욱이 물질적인 것은 일반적으로 잠재적인 것이고, 이러한 관점에서 영혼은 신체의 현실태 또는 현실화이다. 영혼을 모든 다른 형상들—예를 들면 자연적 신체들이나 만들어진 것들의 형상들—과 차이나게 하는 특별한 표시는 영혼이 잠재적으로 생명을 부여받은 유기체의 형상, 또는 현실태, 또는 그가 쓰는 용어로서 완전태라는 것이다[D. J. Allan, *The Philosophy of Aristotle*, Oxford University Press, 1970; 국역본으로 『아리스토텔레스 철학의 이해』, 장영란 옮김, 고려원, 1993, 81쪽 참조].

루시앙 레비-브륄 Lucien Lévy-Bruhl(1857~1939)

프랑스의 철학자. 원시인의 심리를 연구하여 사회사상·원시종교 등의 비합리적 요소를 이해하는 접근법을 인류학에 제공했다. 사회학자 에밀 뒤르켐의 집합표상 représentations collectives 또는 집단이념의 개념을 사용하여 원시인과 현대 서구인의 의식차이를 설명했다. 그는 원시인의 사고 와 지각은 신비주의에 물들어 있으며 원시인의 정신은 논리법칙에 어긋나지는 않지만 전적으로 논리법칙에 지배되는 것은 아니라고 주장했다.

작업수행 operation 속에 로고스가 뿌리내림을 찾는 것이다(리듬의 가치: 우리는 추상적으로 지시하지만 원시인은 살고 있는 모든 것). 이것은 이성적인 사람, 즉 구체적 관계들에 뿌리내리고 있고, 구체적 작업수행에 의해 구성된, 관계하는 이성을 찾아내는 것을 의미한다. 이것은 삶을 논리 안에서 구체적으로 살아내게끔 하는 것, 그리고 논리를 실제 작업수행들의 표현으로 이해하는 것을 의미한다. 유럽인들은 위기에 처해 있다. 왜냐하면 원시인들에게, 그리고 이들이 살고 있는 "총체적인" 세계에서는 유효한 것을 어떻게 스스로에게서 발견해야 할지 이젠 알지 못하기 때문이다. 그리고 반면에 원시인은 논리와 학문, 물신화된 학문이 아니라 인류가 자신을 실현하는 수단이 되는 학문들의 학문(역사학? 현상학?)에 도달해야만 한다. 우리는 원시인에게 우리의 학문을 가르쳐주어야만 한다. 우리가 우리의 학문과 기술을 물신화하지 않는다면, 그리고 우리 자신이 우리의 야만성과 비합리성에서 자유로워진다면 말이다. 그러나 이것은 단지 상호관계의 문제이다. 원시인은 자신의 인생관이 유럽인에게 필요하다는 것을 알게 되었다. 헤겔에서 노예가 자신의 노동 없이는 주인이 살 수 없다는 것을 알게 되는 것처럼("노예의 의식"). 유럽인이 원시인을 이해하지 못하는 한 유럽인은 자신을 이해하지 못하며, 또한 원시인의 반란은 유럽인의 자기 소외이자 유럽 "문명"의 자기 부정이다. 그 흑인은 내 마음을 어지럽힌다. 그에게 나의 야만성이 투사되기 때문에; 나는 인간으로서의 나 자신을 잃어 버렸기 때문에; 나는 아직 인간이 되지 못했기 때문에; 나는 내 자신이 아직도 인류의 전사前史시대에 있음을 발견하기 때문에.

1957·5·23

라이트 Richard Wright가 『검은 힘: 파토스의 땅에서 있었던 반항들의 기록 *Black Power: A Record of Reactions in a Land of Pathos*』 [HarperPerennial, New York, 1995]을 바친 아프리카인. 물신화되고 대상화된, 구입하는 "사물"로서 간주된 아프리카인. 주체로서, 나의 또다른 자아 alter ego로서 간주되지 못한 이들. 그는 "서부 아프리카의 숲에 고립된 채, 그 위대한 단순성으로 주위를 무섭게 하는 삶, 그러나 달리 환원할 수 없도록 인간적인 삶이라는 개념을 만들어낸" 아프리카인이다.

대상. 후설에게 사회는 주체들의 사회인 한에서 인간적이고 합리적이다. 라이트는 후설을 인용한다(『이념들 I』의 영역본에서 인용). 독일어로 된 인용문을 읽는 것이 더 나은 일임에도 라이트가 왜 그렇게 인용했는지는 분명하다. 라이트는 다음과 같은 세계를 생각하고 상상하는 일이 가능하다는 것을 이해하고 있었다. 즉 이 안에서는 지각이——레비-브륄이 말한 바와 같이 주체들의 "참여"를 통해(뒤르켐의 "사회적 삶" 속에서) 일인칭으로 살게되고 느껴지는 세계로서——항상 주어진, 앞서 주어진 *vorgegebene* 세계, 즉 구체적이라고 가정되는 추상적 범주들로 환원되지 않는 그러한 세계말이다. 후설이 말하기를, 지각함에서 사물들이 우리에게 주어졌을 때 이 사물들은 단순한 물리-수학적 개념들로 환원될 수 없다고 생각해 볼 수 있다. 비록 그 개념들이 후설에 따르면, 바로 전 前범주적인 것으로부터, 경험의 완전한 충만함으로부터 나왔지만 말이다. 『이념들 I』의 47번째 절의 문제들은 『위기』에서

47

다시 다루어지고 명백해진다. 놀라운 것은 라이트가 이 부분에서 후설이 이후에 무슨 말을 할 것인지를 정확히 알고 예견할 수 있었다는 점이다. 어떻게 후설을 읽을 것인지를 한 흑인 지식인이 우리에게 가르쳐 줄 수 있다는 점이 중요하다. 레비-브륄과 뒤르켐에게서 원시적이고 신화적인 세계와 범주들의 기원들에 관한 문제 사이의 연관관계를 기억하자. 뒤르켐의 "사회"에서 상호주관적 사회의 이상을, 지향적 사회의 이상을 볼 수 있다면, 뒤르켐의 모든 작업은 재평가될 수 있을 것이다.

1957·5·24

다음을 기억하자. 뒤르켐에게서 범주들의 "사회적" 기원, 즉 현상학적 용어로 말하자면, 상호주관적이면서 전범주적인 삶에 범주들이 기원하고 있다는 것. 뒤르켐에게서 범주들이 "사물들의 본성"에 토대를 두고 있다는 것은 바로 이 범주들이 상호주관적인 지각으로부터 유래했기 때문이다. 토템은 개인 안에 있는 특질이 드러난 것이라는 뒤르켐의 생각. 현상학적 용어로는, 토템은 집단, 혹은 씨족의 형상 *eidos*이다. 그리고 토템은 씨족을 통합하는 연결의 투사 projection, 즉 같은 종류의 작업수행들의 투사, 각 개인 안에 내재하는 전형적–사회적인 작업수행들의 투사라는 것은 참이다. 후설에게서 형상과 작업수행들 ——주체와 주체들에게 전형적인 작업수행 *Leistungen* ——간의 관계.

　이집트 종교에서의 동물 숭배. 이집트인들은 동물에서 개체성

에밀 뒤르켐 Emile Durkheim(1858~1917)

프랑스의 사회과학자. 경험적 조사와 사회학 이론을 결합하여 야심적인 방법론을 발전시켰다. 프랑스 사회학의 기초자로 널리 알려져 있다. 그가 거듭 주장한 바에 따르면, 사실을 바깥에서 관찰하는 것으로는 구체적인 현실에 대한 지식을 얻을 수 없고 바로 현실의 내적인 본질 위에 세운 구조물을 통해 얻을 수 있다. 그의 초기 관심은 이른바 원시 부족에 관한 연구 자체에 있는 것이 아니라, 원시부족 연구를 통해 현재를 이해하는 데 있었다. 그리고 그는 당시의 여러 사건들을 목격하면서 자본주의 사회의 냉혹함 속에서 소외된 계층의 문제에 주목했다. 윤리철학적 문제와 밀접한 관계에 있었던 그의 사회학적인 사상은 박사학위 논문『사회분업론 De la division du travial social』과『자살론 Le Suicide』에 처음으로 나타났다.

의 부재, (천사에서와 같이) 특정한 본질, 즉 형상이 사라지지 않고
남아 있음을 보았다는 가설.

1957·5·25

정적 靜的 현상학과 발생적 發生的 현상학 사이의 후설. 전자에서
독창적인 것은 현실적인 주체. 후자에서는 주체의 발생론. 전자에
서는 자신을 비추어 반성하는 것은 바로 상호주관성이다; 후자에
서는 우리가 반성에 도달하게끔 허용하는 것은, 바로 반성의 순간
에서 일어나는, 발생의 재발견이다. 내 안에 있는 어린 시절의
발견과 재-현전화 re-presentification. 내 안에 있는 원시적 삶의,
즉 현재의 의미를 이해하기 위해 재-현전화해야만 하는 그러한
삶의 발견. 이 모든 것은 시간의 현상학에 근거하고 있다.

주체는 몸 속에 살기 때문에, 주체들은 생명 있는 존재들이고
자신의 자연적이고 문화적인 세계들(환경세계 Umwelten) 속에서
살기 때문에, 발생적 현상학은 구체적 인간의 발생에 관한 현상학
이고, 이러한 의미에서 이것은 인류학이다. 레비-브륄에게 보낸
후설의 편지(1935년 3월 11일). 다른 사회와 우리 사회의 감정이입.
우리들 안에서 그 세계를 이해하는 것과 그 세계 안에서 우리를
느끼는 것. 우리는 레비-브륄의 원시적 삶을 현전화 presentify할
수 있나? 그것은 오로지 넘쳐흐르는 현재 *nur strömende Gegenwart*인
삶인가? 우리 안에는 어떤 것도 간직하지 않는 삶의 단순한 흐름
이 또한 종종 있다(과거지향 retention이 없음, 어떤 의미에서는.

예를 들면 무의식). 우리의 삶의 시간에서 의식의 휴지 休止. [잠과 같은] 이러한 휴지들은 우리를 여럿의 '나'들 I's로 나눈다: 유일무이한, 우리 자신이 상호주관성이다. 이것이 바로 상호주관성이 시간 안에서 가능한 이유이자, 의식의 휴지에 의해 우리로부터 쪼개어진 다른 인간성과 함께 시간 안에서 우리가 우리 자신을 현실적인 인간성으로서 발견하는 이유이다. 이것이 후설의 사상에서 가장 중요한 측면 중 하나라고 나는 믿는다. 우리는 우리 자신을 만나야 하는데——우리 삶의 합일 concordance이라는 의미를 위해——자신을 잊어버렸고, 우리 삶과 역사에서 곳곳의 시간을 잊어버렸다. 따라서 인류는 자신 역시 원시적 인류 또는 피부가 검은 인류라고 느끼면서 자신을 발견해야만 한다. 그렇지 않으면 인류는 합일이라는 본래의 의미를 잃어버린다. 후설이 실제로 이렇게 생각했을까? 나는 나의 직관을 사용하고 새로운 발전을 시도하면서 이상과 같이 재구성하고 있다···. 그러나 이 문제는 상이한 시대의 인간들간의 만남의 문제(역사, 사료 편찬)로 『위기』에서 표현된 바로 그 문제이다.

1957·5·27

노자 老子: "우리는 비어있음 emptiness에 대해서 말할 수 있는가? 우리는 고요함 peace에 대해서 말할 수 있는가?"[3] 이러한 비어있음

---

3. 여기에서 emptiness와 peace는 각각 허 虛와 정 靜의 번역어인 것으로 보인다. 그러나 인용된 구절의 원문을 확인할 수 없어, 대신 우리말로 옮긴다.

과 고요함은 사람들에게 잘 알려져 있었던 것이다…. 그러면 우리
는 이것들을 주고받고자 한다. 이것들은 "선 善"과 "공평"과 같은
추상물로 대체되어 왔다. 하지만 "늘 존재했었던" 고요함은 우리
뒤에 있지 않다. 고요함은 우리 앞에 있다. 도교의 위험. 도교의
변증법의 심오한 의미: 사물을 대신하는 낱말들 속에서 자신을
잃어버리지 않는 것. 의미는 사물들 안에 감추어져 있고, 낱말로
자신을 표현한다. 그러나 또한 의미는 낱말이 지시하는 것 안에,
낱말이 낱말로 머물러 있지 않기 위해서 행해져야 하는 것 안에도
있다.

1957·5·28

"생의 충동 life impulse"으로서의 카르마 karma(업 業)는, 각각의
충동과 현시 manifestation가 자신을 소진하게끔 하는 법칙에 의해
지배당하고 있는 것 같다. 스처르바츠스키 Stcherbatzsky(*The
Conception of Buddhist Nirvana*, Leningrad, 1927)는 카르마의 법칙을
비가역성과 엔트로피에 비유한다. 로젠버그 Rosenberg에게 카르
마는 의지일 뿐만 아니라 의지의 산물이기도 하다. 카르마는 앞서
있던 것의 잔여이다. 항상 어떤 미래가 존재한다는 것은 사실이다.
시간이 지속된다면, 이것은 보편적 상호관계 때문이다.

시간에 대한 두 가지 교차하는 개념: 1)과거의 잔여로서, 그리고
그렇기 때문에 미래를 제거할 수 없는 것으로서의 시간; 2)시간은
항상 자신을 소비하고, 항상 죽는다. 지속적인 생성, 즉 다바 *dhava*.

열린 총체성 안에서 관계성, 즉 사르밤 *sarvam*. 너바나(열반; *nirvana*)
는 이 세계를 억압하기 위한 시도인가? 이 세계의 또는 이 속세의?
대상화로서, 아마도 일련의 대상화로서 속세의. 너바나는 이 세계
를 부정하는 의지여서는 안 된다. 반대로 인위적인 의지가 되어서
는 안 되기 때문에, 너바나는 세속적이지 않은 세계인 그 무엇을
이 세계에서 발견해야만 한다.

이것이 바로 고타마[석가의 처음 이름; Gautama]가 금기를 몸과
싸우는 의지라고 보는 것이 옳지 않다고 생각하는데까지 이르렀
던 이유이다. (베르나레스 Bernares의 설교 전의 칠 년) 너바나는
무-의지로, 즉 **자연스러움**[자발성; spontaneity]으로, 몸의 자연스러
운 삶으로 귀결되어야 한다. 역설적인 것은 오직 세속적인 것을
추구하지 않음으로써만 이 세계에서의 삶이 자연스럽다는 사실
(주체성)을 우리 안에서 발견할 수 있다는 점이다. 그러면 시간은
끊임없는 구원, 영구적인 현전화, 현존의 무한한 생성이 되어야만
한다.

1957·5·29

불교를 다시 생각해보는 노력. 먼 옛날의 경험을 전유 專有하려는
시도.

관계주의가 자이나교 Jainism와 갖는 심오한 유사성(*Mahavira
Vardhamana*). 현실은 실체성으로 구성되는 것이 아니고, 속성의
양상들로, 관계들로 구성된다. 어떤 실존도, 더욱이 어떤 "상황"도

주위 환경과 맺는 관계들과 무관하게 그 자체로 있을 수는 없다.
어떤 상황이든 자신의 가능성들의 양태들 속으로 해소된다
(*syadvada*). 존재하거나 또는 존재하지 않는 개개의 사물들, 존재하
면서 동시에 존재하지 않는 개개의 사물들은 자신이 아닌 다른
어떤 것과의 관계 속에 놓여 있다.

1957·5·30

영광도 의미가 없다, 권력도 의미가 없다, 당신의 개인적 성공도
의미가 없다. 무상함. 후설이 늘 싸웠던 바로 그 무상함. 그리고
그는 진실했다. 그는 진정으로 진리를 사랑했고 진리를 위해 살았
다. 영광은 세속적이고, 삶의 의미는 오로지 이 세속을 부정하는
데에서, 이 세계의 죄수가 되지 않고 세계 속에서 작업수행하는
데에서 자신을 드러낸다.

세계 속에서 작업수행하는 것, 사는 것은 포기가 아니다. 그것
은 진리를 의미하는 활동에 대한 갈망이다. 우리는 이것을 할 수
있는 능력을 갖추고 있어야만 한다. 이렇게 살아야만 한다. 이렇
게 살고자 노력해야만 한다.

톨스토이: "나폴레옹의 눈을 바라보면서 안드레아 왕자는 아무
도 그 의미를 이해할 수 없었던, 위대함의 무상함과 인생의 무상함
을 생각하고 있었다. 그리고 살아 있는 어떤 사람도 그 의미를
이해하거나 설명할 수 없었던, 죽음의 보다 깊은 무상함까지 생각
하고 있었다." 결국에 안드레아가 "말로는 표현될 수 없는, 분명치

않은, 생각할 수 없는 어떤 힘", "이해할 수 없고 다른 어떤 것보다도 중요한 그 무엇"을 발견한 것은 다름 아닌 다음과 같은 이유에서이다. 이렇게 알게된 속세의 이해불가능성 때문에, 이 속세를 받아들이기를 포기하고 거부했기 때문이다. 하지만 이것은 어떤 사물의, 어떤 존재의, 또는 무 無의 문제가 아니다. 또한 표현될 수 없는 어떤 것의 문제도 아니다. 이것은 표현의 근거 그 자체에 관한 문제, 모든 현상의 드러남 *fansis*에 관한 문제, 살고자 하고 다시 깨어나기를 원하는 로고스에 관한 문제인 것이다──그러나 이 로고스는 권력을 향한 의지, 지배를 향한 의지에 묶인 죄수인 한, 영광과 무상함에 대한 갈증에 묶인 죄수인 한, 물신화와 대상화에 묶인 죄수인 한 다시 잠에서 깨어날 수 없다. 우리 안에, 일인칭인 주체들이자 자신에게 명증한 인간들인 우리 안에, 우리에게 이토록 가까이 있는 진리 안에──너무도 가깝게, 바로 지금 여기에, 명석하고 판명하게, 우리 앞에 놓여 있기 때문에 우리는 이 진리를 무시한다── 항상 살고 있는 로고스.

1957·6·11, 로마에서

어떻게 말해야 할지 알고 있는 것이란 얼마나 적은가. 적을 가치가 있는 것 중 어떻게 글로 적어야 할지 알고 있는 것이란 얼마나 적은가. 비천하지만 진정한, 고뇌에 차 있지만 고뇌라는 단어로 자신을 표현하지 못하는, 패배했지만 진정 세상의 소금인, 참으로 중요한 이들을 ──우리가 비록 이들의 이름을 알지 못한다 하더라도──위해서 말이다. 우주엔 아마도 현실의 고통 또는 진정한 진리의 행위들이 결코 상실되지 않게 할 어떤 것이 있다. 아마도 이들이 원자력보다도 더 강할 것이다. 이렇게 살 수 있는 것, 이러한 확신을 온 몸으로 구체화하는 것, 세속적인 모든 것이 무상함을 실제로 느끼는 것, 무에 대한 욕구조차도──고타마가 정말 놀랍게도 말했듯이──순수하지 못한 욕구임을 느끼는 것. 인생의 의미를 주는 것은 다른 것이 아닌 가장 단순한 것들이라는 것을 언젠가 이해할 수 있게 될까? 이것이 우리가 가야할 길이라는 것을, 종종 소름끼치기도 하지만 인류의 길이 이곳으로 향해 있다는 것을, 삶은 이것을 위한 삶이라는 것을, 밝혀지기를 기다리는 진리의 의미 곧 지향적 진리 때문에 사물들과 돌과 꽃과 동물과 인간이 바로 여기 있다는 것을 우리는 믿어야 한다.

1957·6·12

빌라 보르게제 Villa Borghese. 만 Mann에 관한 컨퍼런스를 준비하는 대신 나는 프루스트를 생각한다. **퇴적** sedimentation. 자기 스스로를 구성하고 만들고 압축하는 현재의 몸짓으로 자신을 드러내는 과거. 이것은 단순히 잃어버리거나 발견되는 시간이 아니다. 이것은 성숙해져서 이제는 형체가 생겨 눈에 보이는 음악 속에서 꽃피는 시간이다. 누구나 이 과거를 껴안을 수 있다. 이것을 계속해서 발견하는 놀라움에 사로잡혀서, 이것을 그 모습 그대로 느끼는 놀라움에 사로잡혀서, 그것이 내 앞에 놓여 있다는 행복에 사로

잡혀서 말이다.

퇴적이란 무엇인가? 잠자고 있는 그러면서 줄곧 기다리고 있는 의미들, [감옥에] 갇혔지만 자신을 깨워 새롭게 할 외침소리에 열중하며 [감옥에서 나갈] 준비를 하고 있는 의미들. 우리 삶에서 얼마나 많은 기회들이 상실되지 않을까. 이것들은 갇혔다. 우연에, 낱말에, 전화번호에, 기차의 연착에 갇혔다. 프루스트가 말한 켈트족의 신화에 나오는 영혼과 같이 주문 呪文에 갇힌 것이다. [기회들은] "생명 없는 사물에… 사로잡힌 채, 이것[기회]들의 감옥인 대상을 갖게 되었다고 … 깨달을 때까지는 … 사실상 우리로서는 잃어버린 것이다."

퇴적은 대상의 내부에 있지만, 이것은 의미를 잃어버리는 것이 아니다. 오히려 의미가 보존되는 것이다. 따라서 이는 대상화가 아니다. 후설은 퇴적에 대해 길게 이야기하고 이것을 대단히 중요하게 간주한다. 하지만 이것은 보다 더 깊은 탐색을 필요로 하는, 다시 한번 제기되어야하는 주제이다.

우리는 대상을 만난다. 다시 말해, 대상은 자신 안에 퇴적물을 보유하고 있을 때 매우 특정한 방식으로 자신을 우리에게 선사한다. 그러면 대상들 안에는, 여전히 가능성을 보여주고자 하는, 표현되고자 하는, 실현되고자 하는, 살고자 하는 기회들이 갇혀 있다는 것을 우리는 발견한다. 마치 영원히 실제로 상실되기라도 한 것처럼, 대상에 갇혀 있는 죄수인 것이다. 대상화라는 전체 문제에 약간의 빛을 던져주는 것은 바로 대상화의 단독적인 형상이다. [감옥에] 갇힌 기회들은 "[몸을] 떨며 우리를 부르고, 우리가 그것을 알아채자마자 마법은 풀린다. 그것들은 우리에 의해 풀려

나서, 죽음을 정복했고 우리와 함께 삶으로 되돌아온다."

감각기관들은 퇴적의 침전물들이며, 우리 삶의 장소와 시간은 기회들을 감싼다. 감각기관들은 과거의 현재를 보유하며, 미래를 위해, 그것[과거의 현재]의 가능한 미래를 위해 그것을 성숙하게 한다. 모든 것은 새롭고 가능한 삶의 침전물이며 새로운 만남의 침전물이다. 이것은 감각기관들과 사물들의 특수한 기능이며, 물질과 연결된 하나의 기능이다 —— 이때 물질은 자신 안에 이제 막 꽃피려 하는 삶, 미래의 삶을 감싸고 있는 듯하다.

1957·6·14, 밀라노에서

룰리가 춤을 추고 있다. 초록과 자줏빛 줄무늬가 있는 옷을 우아하게 걸친 그녀가 움직이면 채색된 환영들이 함께 있는 것 같다(후설이 말한 뜻에서의 환영). 그녀의 행복은 전적으로 리듬 안에 있다. 나는 그녀 안에 살고, 그녀의 움직임 속에서, 그녀가 생기를 불어넣은 몸 안에서, 그녀 안에서 현존하게 되는 그리고 그녀 자신의 것이 되는 전체의 환경 안에서 내 자신을 느낀다. 세계는 더 이상 이해할 수 없는 것이 아니다. 우리는 우리의 몸에서 그리고 우리의 몸을 서로 느끼면서 세계를 느낀다. 이 세계는 자기 자신으로부터 나와 움직이는 그리고 자신을 표현하는 세계인 것이다. 그리고 이 세계가 더 많은 것 안에서 자신을 더 풍부하게 표현하면 할수록, 세계는 [구체적인] 외적 측면에서도 더욱 더 살아 있게 된다.

1957·7·22

오늘 반피 Banfi가 죽었다. 사람들이 갑자기 나를 불렀다. 병원에서 그의 다른 친구들을 보았다. 나는 우리 모두를 생각했다──이 죽음 앞에 선 우리 모두를. 이 사실을 받아들이기가 어려울 것이다. 지금부터 그의 모든 작업은 다른 의미를 얻게 된다. 그리고 나는 그의 작업에 대한 새로운 평가가 필요하다고 느낀다.

요 마지막 몇 달 동안 그와 종종 얘기를 나누었다. 그는 아프지 않은 것처럼 살았다. 그리고 누구도 그에게 그의 병에 대해서는 말하지 않았다. 그가 마지막으로 언급했던 저자들: 갈릴레오와 후설과 짐멜[4]. 그리고 이 모두는 그의 공산주의에 녹아들었다. 마지막 순간까지 그는 특유의 태도로 말하고자 했다: 삶은 죽음보다 더 중요하다(후설: 삶 없이는 죽음도 없다 *Ohne Leben kein Tod*).

1957·7·31

반피가 갈릴레오에 관해 쓴 것은 바로 그 자신에게도 적용된다: "갈릴레오의 풍부한 자연, 매 실제적이고 구체적인 문제에 대한 그의 호기심, 쾌적하고 자유로운 삶에 대한 그의 갈증은 정말로

---

4. Georg Simmel(1858~1913). 독일의 사회학자. 사회학 방법론에 관한 업적으로 명성을 얻었으며 사회학을 하나의 기초 사회과학으로 확립하기 위해 많은 노력을 기울였다. 말년에는 형이상학과 미학에 몰두했다. 『돈의 철학 *Philosophie des Geldes*』(1900)을 비롯해 20여 편의 저서와 200여 편이 넘는 논문을 남겼다.

엄청난 것이다." 갈릴레오의 망원경은, 단지 학문적 도구에 그치지 않고 새로운 철학적 지향의 상징이자 공통의 경험——"이 경험의 주관성과 상대성에 관한 모든 철학적 주장에도 불구하고"——을 방어하는 상징이다. 더 예리해진 눈은 경험에서 "새로운 요소들과 구조들의 무한성"을 발견한다. 경험은 "더 이상 단순한 환영이 아니라", "진보하는 그리고 무한한 풍부함의 영역인데, 이것이 발전하면서 형상들, 관계들, 정상적으로 확립된 바로 그 개념들이 자신을 잠정적인 것으로 드러내게 된다." "봄 vision," 즉 반피가 후설에서 빌어와, 시각적이면서 "형상적인" 차원이라고 부른 것이 있기 때문에 경험과 이성의 관계가 가능하다.

"인류 최초로 갈릴레오가 보았던 것은 달에서 동이 터오는 광경의——멀리 떨어져 있어 더욱 신비로운——개략적인 모습이었다. 그늘진 곳 저 위로 높이 떠오른 정점의 태양이 비추는 광채光彩와 구름 한 점 없이 맑게 개인 계곡과 평원 사이로 빛이 퍼져 가는 모습, 반면 산 뒤에서는 빛과 대조적으로 산의 그림자가 드리워져 있는 모습——빛이 이토록 쉽게 사라져 버리기라도 하는 듯이."

반피에게 갈릴레오의 경험은 무엇보다도 감성과 이성의 역동적인 종합이면서, 동시에 "사물"을 합리적 구조로 바꾸는 작업이었다. 갈릴레오에 대한 논증은 교훈을 주는 [연습 삼아 하는] 활동이 아니라, 외양 아래에서 보편적 대상의 구조를 드러내는, 흔한 구절을 사용하자면, "사물의 실재"를 드러내는 경험의 해석들이다. 후설이 말한 "사물의 실재" 또는 "사태 자체."

갈릴레오 갈릴레이 Galileo Galilei(1564~1642)

이탈리아의 수학자·천문학자·물리학자. 근대 과학의 발전에 많은 공헌
을 했다. 특히 중력과 운동에 관한 연구에 실험과 수리해석을 함께 사용
하여 일반적으로 근대역학과 실험물리학의 창시자로 알려져 있다. '자연
은 수학적 언어로 쓰어진다'라는 주장으로 수학적 합리주의를 주창하여
아리스토텔레스의 논리에 대항했다. 인체의 구조에 대한 베살리우스의
연구방식을 이용하여 지구와 별의 움직임을 파악하려 했다. 갈릴레오의
연구에서 르네상스 과학의 매우 독창적인 경향들이 모두 무르익었다.
이러한 경향은 알렉산드리아 수학의 부활, 실험에서 렌즈와 망원경 같은
새로운 도구의 사용, 수학이론을 틀림없이 응용할 수 있는 기초를 가진
물리학에서 확실성의 추구, 운동하는 물질이 수학적 단순성을 가진 모형
과 일치하기 때문에 과학에서 절대적 확실성을 추구하는 일은 정당하다
는 기본적 신념 등이었다.

1957·8·4, 세니에서

현상학적 태도에서는 철학적 반성이 매일의 삶, 신체의 삶, 의사소통, 살아있는 경험을 숙고함에 있어 취하는 관점의 갱신과, 그리고 해소되었다가 다시 결합하는 과거와 끊임없이 얽힌다: 철학적 반성의 시간에 담긴 심오하면서도 지향적인 내재성.

미학의 세계: 즉 고통과 기쁨의 세계, 고통으로부터 해방되는 세계와 쾌락주의적 지향성의 세계. 필요욕구의 세계: 본질에 지향성을 부여하는 필요, 그리고 만족을 보는 것이 되도록 본질을 바꾸는 필요욕구: 본질의 경험론적, 감각론적 기원.

『데카르트적 성찰』에 담긴 변증법. 자기 의식과 상호주관성의 출현. 본질의 지향화 작용 역시 감각적 시간성의 변증법이자 필요와 만족의 변증법 그리고 고통과 기쁨의 변증법으로 나타날 수 있다.

경험적으로 또 사실적으로 세속을 부정하는 것은 부재에 대한 느낌에서 온다──그런데 이 부재는 사라진 것으로부터 해방으로 나아가는 방향을, 그리고 만족과 의사소통으로 나아가는 방향을 자기 안에 담고 있다. 부정 negation은 페니아[5]의 아들인 에로스에서 구체화되어 있다. 필요욕구와 고통에 빠진. 방향: 고통에서 기

---

5. "페니아는 가난의 인격화이며 가난한 이들 사이에서 숭배되었다. 신들의 향연이 끝난 후, 그녀는 포루스와 결혼하였다. 포루스는 사리 私利 추구의 인격화이다. 포루스는 메티스의 아들이며 페니아의 남편이다. 그는 종종 에로스의 아버지로 생각되었다."(Ryan Tuccinardi in Encyclopedia Mythica, http://www.pantheon.org/mythica) ⓒ Copyright 1995-1998 M. F. Lindemans. All Rights Reserved.──영역자 주

쁨으로, 부정에서 긍정으로, 부재에서 현재로. 시간의 부재 속에, 시간성이 열어 보여주는 무상함 속에, 비가역성 속에, 소비 속에 내재하는 방향. 에로스는 다름 아닌 소비된 것에서 탄생했다. 이것은 지향성을, 미학적이면서 형상적인 방향을 지시한다. 그러므로 만족의 긍정적 가치: 인간의 단순한 삶, 인간이 갖는 필요욕구의 소박함이라는 기본적인 윤리적 의미.

1957·8·8

후설이 『위기』에서 제시한 목적론적 봄 vision 역시 지식에 관한, 결코 완성되지 않은 개요이다: 형상적이면서 동시에 초월적인 지평. 형상적인 직관에 대한 느낌은 새로운 형태로 플라톤주의를 재탄생하게 한다. 플라톤주의──이상적인 목적지로서, 역사와 문명의 의미로서의 합리적 명석함이라는 가치. 유기적 지식을 보는 것, 그리고 영원히 새로운 문화의 지평을 펼쳐내는 지향성을 보는 것은 생활세계를 끊임없이 재획득하는 것과 연관되어 있다. 현상학적 환원을 통해 우리가 새로운 지평으로 열리게 된다는 바로 그 이유 때문에, 우리는 경험의 구체성 안에서 살 수 있게 된다. 과거가 무한하고 미래도 무한하듯이 경험과 합리적 봄 또한 무한하다. 즉 무한은 우리를 둘러싸고 있지만, 시간의 구체성 속에 현실화되어 있기도 한 것이다.

1957·9·15, 밀라노에서

살아있는 역사라는 의미를 생각해 보면, 역사는 사료 편찬으로 환원될 수 없다. 역사적 서사 敍事가 역사적 삶을 대신해서는 안 된다. 사료 편찬의 도식들은 현실의 역사적 사물들로 서투르게 구체화되거나 추정되어서는 안 된다. 역사적 삶에 도달하기 위해서는, 에포케 *epoché*를 사료 편찬식 "사물들"에 적용하는 것이 필요하고, 역사적-이데올로기적 물신화에서 자유로워지는 것이 필요하고, 거대한 일반적 도식의 추상에서 자유로워지는 것이 필요하다. 우리는 따라서 일상의 노동에서, 자연과의 접촉에서 후설의 "사태 그 자체"를 구체적인 인간의 삶으로서 발견한다. 우리는 다시 단순한 삶의 의미를, 소박함의 가치를 발견하고 살아야 한다. 화이트헤드 Alfred North Whitehead에 따르면, 진정한 역사적 삶이란 "간선도로가 깔린 시골구석에서 조용히 살아가는 이들의 실제적이고도 개인적인 느낌들 안에 있다."(*Essays*, 1948, 18쪽)

1957·10·20

발레리의 『레오나르도와 철학자들』: "레오나르도에게 회화는 모든 인식과 거의 모든 기술을 요구하는 작업이다. 그는 대상들의 외양에서 출발해야만 하는 운명에 놓여 있다." 이 "외양"은 후설이 말한 현상이고, 따라서 레오나르도의 태도는 일종의 현상학적 태도이다.

그리는 것은 현상을 보는 것이다. 화가다운 봄 vision, 더 나아가

정상적으로 보이지 않는 것을 보는 것은 지식에 있어 값진 것이다. 현상을 보는 것과 학문 사이에는, 보는 것을 기술 技術 안에서 실현하는 행동과 지식 사이에는 일종의 상호 작용이 있다. 다시 발레리: "제작과 지식간의 주목할 만한 상호성──여기에서 전자는 후자를 보증한다──은 레오나르도를 특징짓고, 순전히 입으로 이루어지는 학문에 반하는 것이며, 또한 불완전한 것, 행동 없는 말로 보이는 철학을 크게 희생시키고 현실적인 시대를 지배하기 위하여 [입으로 이루어지는 학문을] 종결시켰다." 보는 것은 그러므로 철학적으로 장황하게 말을 늘어놓는 것을 정정하도록 한다: 말이 행동이 된다. 현실에서 능동적인 말은 자연적 기술 또는 기술로의 자연의 확장이다.

회화의 시각적이면서 형상적인 가치를 주장하기 위해서 우리는 다시 한번 레오나르도를 연구해야 한다. 회화는 "자연 안에 있는 형상들"과 "그렇지 않은 형상들" 모두를 담고 있다. "그의 그림들은 매우 뛰어나, 자연의 작품뿐만 아니라 그 이상의 것을 무한히 탐색하고 있다." 레오나르도는 "가능한 형상들"의 봄을 항상 감각하고 있었다. 또한 그가 경험이란 매개 즉 "부단한 자연과 인류 사이의 번역자"라고 말했을 때, 그는 다른 여타 경험들이 근거하는 모델인 시각적 경험을 염두에 두고 있었다. 회화는 형상을 물리적으로 실현한다: 회화에는 감각적인 것과 이념적인 것 사이의 종합이 가능할 것이라는 증거가 있다. 레오나르도는, 이성과 이념들이 자연 안에서 작업수행하는데 왜냐하면 이것들이 자연에 붙어넣어졌기 때문이라고 확신했다. 사람은 이것들을 "보고" 추상적 추론으로 환원할 수 있다. 그러나 이것들의 작업수행은, 추론이 추론이기 이전에 봄이고, 또한 봄이기 이전에 자연적 관계이기 때문에 가능한 것이다(칸트에게 자연 안에 살아가는 것은 바로 도식론의 비밀스러운 기술이다). 자연적 작업수행의 필연성이 관념들간의 관계의 필연성인 것이다. 자연은 이성이 지시하는 대로 작업수행하고, 이성은 자연적 필연성에 따라 작업수행하도록 지시한다. 도식론이란 여기에서 작동 중인 합리성을 현실화하는 것이다. 매개하는 경험은 우리에게 자연은 "필연성 하에서 작업수행하고, 자연을 조타 操舵하는 힘인 이성이 지시하는 것과는 다른 방식으로 작업수행할 수 없다"는 것을 밝혀낸다.

1957·11·18

현상학, 관계주의, 도덕적 문제. 어떠한 지각에서도 전형, 본질을 보는 것이 가능하다는 사실이 주는 중요성. 본질은 언제나 관계지워져 있고, "사회적이다." 유아론에 대한 후설의 이야기가 갖는 새로운 국면. 후설을 다른 이들과 연결짓는 본질적 구조들을 내가 발견하는 곳은 정확히 유아론에서이다. 안다는 것은 개별 안에서 모델을, 전형을, 표준 norms을 발견한다는 것을 의미한다.

1957·12·15

빗방울이 인도 人道의 부드러운 표면 위로 흩내리고 있다. 이랑을 만들지도 않고, 두드러짐 없이 흔적도 남기지 않는다. 이름 없는 차들이 조용히 옆을 스쳐간다. 다시 밤이다. 차고와 이곳의 네온 불빛, 내일의 노동을 기다림. 우상을 쫓는 매일 매일의 몸부림. 나는 가서 와인 한 잔을 마신다. 생면부지의 어떤 사람과 함께. 하지만 이 사람과 함께 나는 더할 나위 없이 기분이 좋다.

<h2 style="text-align:center">1958·1·8</h2>

지금 내가 걷고 있는 자갈이 깔린 인도…. 사물의 단단함과 꽉 들어찬 느낌, 그리고 불가침성. 철학자에게, 철학 안에서 사는 사람에게, 이 모든 것은 수수께끼와도 같고, 또한 수수께끼가 된다. 모든 것: 도시, 그의 집, 그가 일하는 테이블. 그리고 그가 겪는 모든 사건들, 그리고 사람들. 이들이 거기에 있다. 그러나 나는 어떻게든지 사건들과 사람들과 사물들을 부정한다. 이 부정은 근본적이다. 나는 거기에 있는 것들을 부정할 수는 없다. 내가 살고 있는 세계를 부정할 수는 없다. 그러나 나는 아니오라고 말한다. 나는 사물의 불가침성과 불투명함을 인정하지 않는다. 아니오라고 말하는 것은, 현상학적으로 말하면 "괄호 치는 것"이며 에포케, 즉 판단중지를 실행하는 것이다.

　이 세상을 괄호 칠 때, 내 자신이 이상한 상황에 처해 있다는 것을 발견한다. 상황은 여전히 이전과 같지만, 그러나 나는 다른 방식으로 보고, 느끼고, "경험한다." 세계? 아니, 세계가 아니라 내가 만지고 보고 듣는 세계의 특정한 모습들이다. 나는 무한한 관점들의 한가운데에 서 있다. 나는 무한 속으로 사라져 가는 수많은 선들이 교차해 뚫고 지나가는 하나의 점이다. 주체인 나는 무한한 관계들의 중심이다. 그러나 이 모든 선들과 관계들, 그리고 내가 만지고 보고 듣는 것들, 모든 것, 생명체들, 식물과 동물과 인간 모두는 흡사 보류되고 대기하는 것처럼 된다. 무한한 놀라움 속에서 나는 이것들을 감각하고 본다. 단지 내가 이것들을 마치 처음 보는 것 같다는 것뿐만이 아니다. 더 강렬하고 더 깊은 경험인 것이다. 나무는 이제 [자신의 가능성을 실현하지 못한 채] 막연하게 살지 않고, [자신의 가능성을 실현하는데 있어 구체적으로] 결정화된다. 그리고 나무와 더불어 만물이 함께 그러하다. 나무는 기다린다. 이 기다림 속에서 살아간다. 나무는 더 이상 불명료한 일상의 의미를 갖지 않는다. 나는 나무에 의미를 주어야만 한다. 주체인 나는, 세계가 자신의 의미와 목적을 갖게 되는 원천이다. 나는 이 세계가 진실해지고, 이 세계가 진리로 자신의 모습을 바꾸게 되는데 필요한 도구이다. 따라서 나는 이 세계가 나에게 드러난 모습대로, 이 세계를 보고 기술해야 하고, 또 이 세계를 베일에서 들추어내 현상이 되게끔 해야 한다.

세계는 거기에 있다. 즉 사람들이 말하듯이, 세계는 창조되었다. 세계는 거기에 있고, 나는 지금까지 세계가 거기에 있다는 것이 자연스럽고도 명백하다고 생각했었다. 이제 나는 세계가 거기에 있다는 것이 모호하면서 불가해하고 또한 신비한 일임을 알고 있다. 내가 말한 '아니오'는 나에게 어떤 의미도 없는 세계에 대한 부정이다. 혹 그 세계가 다른 이들에게 의미를 가지고 있다 할지라도, 또는 그 세계의 흙이 다른 이들이 걸은 흔적을 남기고 다른 이들에게 갖는 숱한 의미들의 침전물로 채워졌다 하더라도 말이다. 이러한 의미들은 결정화되어 있고, 잠들어 있다. 나는 이 의미들을 깨워야 한다. 이를 위해 나는 잠들어 있고 모호하고 감추어진 모든 것을 향해 아니오라고 말해야 한다. 나는 내 자신을 깨우고, 지금까지와는 전혀 다른 방식으로 깨어 있어야만 한다. 내 안에서, 그리고 나로부터 튀어나온 세계 안에서 모든 의미들의 원천을 발견하는 것. 세계는 내 안에서 태어난다. 이 세계는 일인칭 시점으로 내 안에서 태어난다. 이 세계가 의미로 가득하다는 것을 내가 발견하는 것은 일인칭 시점에서이기 때문에. 나는 잠에서 깨어난 세계 안에서, 후설이 말한 것처럼 깨어있는 삶 *Wachleben* 안에서 살아간다. 지금부터 내 안에서, 나와 함께 깨어 작업수행하는 이들 안에서 세계는 진실한 세계로 변형될 것이다. 이 진리는 나를 넘어서 도달한다. 또한 내가 계속해서 도달하려고 하는 무한한 이념으로서 나에게 나타난다. 그래서 나는 일종의 혁명을 계속해 왔다. 거기에 있던 것, 즉 이미 거기에 있던 세계는 이제 내 앞에 있다: 더 이상 앞서 만들어진 세계가 아니라 이제 만들어져야 할 세계인 것이다. 이 세계는 삶, 즉 나와 다른 이들의 삶에 의미를 부여할 과제이자 목적이 된다. 내가 살아 왔던 것을 넘어서는 삶, 삶 자체를 계속해서 넘어서는 삶, 즉 이미 실행된 것들을 과제와 진리의 의미로 변형시킴으로써 삶 자체를 초월하는 삶을 나는 에포케를 통해 발견한다. 내가 실제로 사는 이러한 삶이 지향적 삶이다. 끊임없이 지향성은 모호하고 꿰뚫어볼 수 없는 것들을 명백히 보이도록 하고, 의미 가득한 지평으로 그리고 진리의 본질적 형태로 변화시킨다. 현상학이 목표하는 바는 따라서 존재에

대한, 다시 말해 사물들의 배후에 있을 법한 존재에 대한 탐구가
아니다. 현상학의 목표는 우리의 뒤에 있는 진리가 아니라, 우리
의 앞에 놓인 진리이다. 또한 세계 내의 이미 만들어진 사물들
안에 현존하는, 그러나 잠들어 있는 진리이다. 사물들을 깨우는
것, 우리가 눈뜸으로써 만물을 깨우는 것은 곧 진정한 나의 삶으
로, 끊임없는 자기-초월로, 지향성의 역설로 되돌아가는 것이다.
주체로, 우리 자신으로, 내 자신으로 되돌아가는 것. 세계의 풍경에
대한 놀라움 속에서 끊임없이 깨어나는 것.

1958·2·5

오늘 반 브레다 신부가 도착했다. 로뇨니와 내가 기차역으로 마중
나갔다. 대화는 후설에 관한 문제로, 특히 프랑스에서의 해석에
관한 문제로 옮아갔다. 기록 보관소에 관한 새로운 소식.

1958·2·8

반 브레다 신부의 강연회: 여섯 번째는 밀라노에서, 일곱 번째는
파비아에서. 본래 의미 그대로 지향성의 문제를 이해하는 어려움.
삶의 마지막 순간까지 후설은 현상학을 형이상학으로 해석하는
것을 거부했다고 반 브레다는 말했다. 아마도 현상학은 형이상학
일 것이다. 그러나 이것은 존재로서의 존재 *ens qua ens*가 아니라,

진리로서의 존재 *ens qua verum*의 형이상학이다. 나는 정식 formula을 좋아하긴 하지만, 그러나 존재 *ens*가 없는 정식을 좋아한다. 나의 생각을 다른 식으로 표현하자면, 후설에게서 존재 자체는 진리의 지향적 지평 안에서 해소되고, 따라서 현상학은 전통적인 의미에서의 형이상학이나 존재론으로 간주될 수 없다. 나에게는 이것이 시간의 진리 지평과 시간 사이의 관계에 관한 문제로 보인다.

1958·3·11

생활세계는 "잘못 놓인 구체성"[화이트헤드—영역자 주]이나 범주의 실체화가 아니다. 에포케의 실행 없이는, 즉 초월성——후설이 말한 "자연주의적" 태도로 우리가 삶에 노출되었을 때 삶을 넘어서는 것——없이는 인간에게 자연의 자발성이란 없다. 오직 삶을 넘어서는 자만이 삶을 정복할 수 있다. 즉 삶 안에 머무르고자 하는 이는 대신 삶을 잃어버린다. 두 번째 탄생, 그리고 단순히 육체적인 의미에서일지라도 두 번째 삶으로서의 생활세계.

1958·3·12

관계주의적 현상학은 "생기론"이 아니다. 역설적인 것은 사실 다음과 같다: 긍정성으로서의 삶은 오직 에포케 이후에서야 발견될 수 있다. 판단중지를 통해 세속적인 의미를 부정했을 때에야, 그리고 눈에 보이는 세계를 넘어서게 되면, 우리는 삶을 다시 발견한다. 삶은 항상 거기에 있었기 때문이다. 그러나 우리는 변화된 기호를 가진 삶을 발견한다.

1958·3·13

원형과 야만을 혼동하지 않는 것. 원형적인 것은 에포케 다음에 놓이고, 우리는 교육과 문명을 통해 원형적인 것에 도달한다. 야만은 잔인함이자, 우리가 벗어나야 하는 거대한 숲 *ingens sylva*이다. 끊임없는 투쟁을 통해 벗어나야 한다. 왜냐하면 이 투쟁의 역할이 "도전"이기 때문이다. 루소에 대한 비판.

1958·3·14

요한 복음에 등장하는 장님으로 태어난 사람. 본다는 것의 의미: 후설의 형상. 9장 39절은 놀랍다: "나는 이 세상에 왔다…못 보는 자와 지금 보고는 있지만 장님이 될 수도 있는 자…" 그러므로 자신이 보지 못한다는 것을 깨닫고 지금까지 결코 볼 수 없었다는 것과 장님으로 태어났다는 것을 사람들이 이해하게끔 하자. 바리 사이파 인들의 죄는 자신들이 눈멀지 않았고 볼 수 있다고 하는 믿음이다. 그리고 그들은 자신에게 반문했다. 우리가 여전히 장님 이라고? 그러자 예수는 말했다(9장 41절): "만약 너희가 장님이라

면 너희는 죄가 없었을 것이다. 그러나 '우리는 볼 수 있다'고
너희가 말하니, 너의 죄는 남아있다." 눈을 뜨자. 보는 법을 배우
자. 이미 볼 수 있다는 믿음을 버리자.

1958·3·15

원형적인 것과 진정한 것은 출발점으로의 귀환이 아니라, 다시
말해 뒤로 가는 것이 아니라(삶의 비가역성이 이것을 막는다), 에포
케 이후에 오는 새로운 자연을 발견하는 것이다.

에포케의 과정에서 세계 무화 *Weltvernichtung*에 의해, 확실했던
것은 고뇌가 된다. 그러나 에포케는 단순히 인지 과정이 아니다.
그것은 우리가 살아내는 현실와 시간적 과정 속으로 자신을 투입
하는 것이다.

1958·3·16

내가 "느끼다"라는 동사를 쓸 때에는 후설이 말한 감정이입을
염두에 두고 있다. 철학은 감정이입이 존재한다는 놀라움에서,
우리가 다른 이들 안에 살고 있다는 사실, 그리고 다른 이들의
고통과 전체의 삶——그들을 현재에, 그들이 지각하고 보고 들음
에, 그리고 우리의 것과 일치하는 그들의 기분 *Stimmung*에 적합하
도록 수정하는 삶——을 느낀다는 경이로운 사실에서 태어난다.

이것이 우리가 살아가는 방법이다, 우리 안에 다른 이들과 함께. 이 기분, 이 심오한 일치가 우리 안에 일어나지 않도록 하는 것은 가능하다 —— 우리 자신을 방어하기 위해 타인의 고통이 우리의 것이 되지 않도록 하기 위해서 그렇게 할 수 있는 것이다. 혹 자아 역시 방어적인 자세에 의해 구성되는가? 또는 우리 자신을 감정이 입으로부터 차단함으로써 결국 우리는 자기 자신을 잃어버리는 가? 다른 이들에게서 우리가 무 無가 된다면 우리 자신을 잃게 되듯이 말이다.

1958·3·17

우리는 [현실을] 물리적 대상으로 "투사"했을 때, 능동적이고 주 체적이고 인간적인 현실을 살아낸다. 투사를 메를로-퐁티의 주체 -객체 다의성 ambiguity[6]과 연관지어야만 한다. 이것은 다시 고찰 되어 시간에 관한 후설의 미출간 저작과 관련해 정정되어야 한다.

감정이입과 관련해 연상 association이 전통적인 심리주의적 연 상주의와 혼동되어서는 안 된다. 연상이란 어떤 기분에 일치하는

---

6. ambiguity는, 어원으로 따져보자면 '여러 방향으로 움직이는' 상태를 가리킨다. 이 말은 '모호함'이라는 뜻으로 대개는 부정적인 어조로 사용된다. 그러나 메를 로-퐁티는 이 말에 긍정적인 의미를 부여하고 자신의 사상을 전개하는 데 이를 적극적으로 사용했다. 데카르트에서 시작된 근대의 주체-객체 이원론의 모델 을 극복하기 위해, 그는 의식과 세계가 맺는 변증법적 관계를 강조했다. 그에게 서 지각은 우리가 타자나 세계와 맺는 모든 관계를 의미하는데, 이때 지각의 고유한 특성이 바로 ambiguity라고 밝혔다. 이때 이 말은 '모호함', '중의성', '애매함' 등으로 옮길 수 있겠는데, 여기에서는 '다의성'으로 옮기기로 하겠다.

것을 뜻한다. 하지만 연상과 일치는 어떤 근본적인 도식을 전제한다. 여기에서 도식은 칸트적 의미로 이해된다: 형태, 상像, 이미지.

실재는 주어졌을 때 상실된다. 하지만 이것은 형상적 형태로, 지향화된 본질로, 그리고 미래로의 기획 즉 텔로스에의 일치로서 발견되어야 한다. 공통되고 관계되고 일치되면서 연상된 목적에서 실재를 재발견해야 한다: 실존의 목적과 의미를 위해서.

목적론적 지향성에 대한 기분 없이는 이 세계 안에서 우리 자신의 현존을 잃게 된다. 세계는 꿈이 된다(『햄릿』, 『태풍』).

1958·3·18

햄릿: 죽음 이후의 어떤 것에 대한 두려움, 죽음이란 얕은 잠조차 꿈으로 가득찰지 모른다는 두려움: 자는 것, 아마도 꿈꾸는 것. 햄릿의 광기는 또한 삶의 양태적 의미, 죽음에 지배당해 행동할 수 없는 삶의 의미를 지시한다. 왜냐하면 그것은 인간이 꿈꾼다는 사실의 엄청난 중요성을 의미하기 때문이다. 인간은 꿈꾸고 상상한다. 왜냐하면 자신이 알지 못하는 것을 마주하고서는, 인간은 꿈꾸지 않을 수도 상상하지 않을 수도 없기 때문이다. 알지 못하는 것은 오로지 꿈을 허락하며, 인간은 결코 완전한 실재성 안에서 살 수 없다. "[한 번 이 세상을 떠나면] 다시는 못 돌아오는 미지의 나라의"[7] 무한의 표면과 삶은 뒤섞인다. 죽음이 실존하고 우리

7. 윌리엄 셰익스피어, 『햄릿』 3막 1장. 번역은 신정옥 옮김, 『셰익스피어 4대 비극집』, 1995, 77쪽에 따름.

안에 현존한다면, 세계는 언제나 상상 속으로, 꿈속으로, 예술 속으로 해소될 수 있다. 셰익스피어 기념비에 프로스페로Prospero의 말을 적었던 것은 비판적 해석 행위였다:

이 대지에 뿌리를 내리지 못한 환상의 세계처럼
저 구름 위에 솟은 탑도, 호사스런 궁전도,
장엄한 신전도, 이 거대한 지구도 그래,
지구상의 삼라만상이 마침내 녹아서
지금 사라져 버린 환상처럼,
흔적도 남기지 않는 걸세. 우리 인간은
꿈과 같은 것으로 되어 있고…8)

우리의 비신체적인 삶은 극장의 쇼와 같다: 극장 우상 *idolum theatri*. 우리는 삶을 꿈꾸고, 재현하고, 낭송한다. 아마도 목적론적 형상의 의미만이, 『위기』에서 후설이 밝혔던 그 의미만이 삶을 지킬 수 있다. 인간적이고 우주적인 것은 모두 그저 하나의 꿈일지라도, 꿈은 형상 안에서 진리가 된다. 철학은 삶에서 구원처럼 나타난다(이것이 현상학의 가장 비밀스런 의미 중 하나 아닐까?). 꿈속에는 진리의 희망이 있다.

"실재론"의 환영은 꿈 없는 인간성의 환영이다. 아마도 이것은 셰익스피어가 캘리번이란 인물을 통해 우리에게 말하고자 했던 바일 것이다. 나는 말년의 셰익스피어를 생각하고 있고, 그는 마

---

8. 번역은 윌리엄 셰익스피어, 『태풍』, 신정옥 옮김, 전예원, 1997, 105~106쪽(4막 1장)에 따름.

치 프로스페로가 자신의 마법술을 부정하듯이, 알려지지 않은 진
리를 향한 자신의 모든 작업을 부정한다:

이제 저의 마법은 무너졌습니다.
이제 저 자신에게 남은 힘이란
미약하기 그지없습니다. 이제는 저를
이 섬에 유폐하시든…9)

반면, 인간의 섬은 바로 자신의 한계와 경계 때문에 진리의 의
미를 가질 수 있는 인간적 실존이다.

1958·3·25

현상학적 태도는 사유하도록, 철학적으로 살아갈 수 있도록 만들
어준다. 그러나 그 생각을 기술하거나 고정시키도록 요구하지 않
는다. 이러한 의미에서, 적어도 이러한 의미에서 현상학적 태도는
소크라테스적이다.

1958·3·26

젖은 평원 위에서 빛나는 풀의 초록빛. 발 밑에 달라붙은 흙과

---

9. 번역은 같은 책, 129쪽(에필로그)에 따름.

농부들이 놓은 불 그리고 뭉실거리는 두터운 연기. 시골과 집과 도로와 꼬리를 물고 서 있는 전신주들의 색이 뒤섞여 있다…: 무관심, 아무 일도 일어나지 않은 것 같은. 사물들. 사물들에 대한 무관심은 섬뜩하다. 이는 곧 삶을 굳어 버리게 만드는 것이니까.

병원의 환자: [누군가를] 기다리는 고독에서, [무언가를] 바라는 고통에서, 그리고 설명할 수도 없는 견디기 힘든 밤에서 느껴지는 통증. 밖에서는, 모든 사람이 무언가를 향해 누군가를 향해 걸어간다. 언제나, 세계 어느 곳에서나, 매일 밤낮으로, 병원에는 아픈 사람이 있다. 이들의 삶은 찢겨진 피부 밖으로 드러난 생살처럼 발가벗겨진 모습이다. 습관적이고 정확한 그리고 기계적인 간호사와 의사들의 움직임. 대기하고 있는 상황, 삶이 지니고 있는 고통, 매순간 결정해야 하는 시간의 강화로부터의 방어. 단어를 찾는 것, 살아 있고 물신화되지 않을 단어를 찾는 것.

지향적 삶으로서의, 세계의 의미가 표현된 것으로서의 말, 로고스

1958·3·27

파시오네 대로. 거리의 끝에, [과거와] 느낌을 주고 받을 수 있고 과거의 울림을 일으키는 장소인, 매력적인 스탕달식 정원이 있는 교회. 나는 바쁘게 걸어서 지나가곤 한다.

같은 전차, 같은 차에 올라타 이쪽에서 저쪽으로 같은 거리를 다닌다. 이미 정해진 스케줄이 거미줄처럼 도시를 뒤덮고, (후설이 말한 의미에서) 인간의 "살아있는" 역사는 이 도시를 가로질러

흐르고 있다. 길을 따라, 집들의 벽을 따라 인간들의 시선이 무언가를 남긴 것만 같다. 이들은 수 년 동안 같은 건물과 같은 상점을 지나쳐 왔다는 것을 기억한다. 두 해 혹은 두 달 전, 그러니까 이들이 여전히 희망을 가졌었거나, 아니면 모든 희망을 상실했던 때, 그리고 일어나지 않았던 무언가를 기다리고 있었거나, 아니면 지금 이 건물과 이 상점 앞에 놓인 바로 이 미래가 과연 어떤 모습일지를 자문하고 있었던 때.

1958·3·28

『위기』의 관점에서 영역 존재론에 관해, 형상적이고 시각적이면서 동시에 초월적인 지식에 관한 완성되지 않은 개요에 관해 다시 생각하고 있다. 플라톤주의의 새로운 형태, 그리고 이상적인 목적지로서 그리고 역사와 문명의 의미로서의 합리적 명석함이라는 가치의 새로운 형태의 근원이 되는 형상적 직관을 재평가하는 것. 유기적 지식에 대한 봄 vision, 그리고 영원히 새로운 봄을 펼쳐내는 지향성은 생활세계를 끊임없이 재획득하는 것과 연관되어 있다. 에포케는 새로운 지평을 열어 우리가 거기에 올라서도록 하기 때문에, 우리는 경험의 구체성 안에서 살 수 있게 된다. 과거가 무한하고 미래도 무한하듯이 경험과 합리적 봄 또한 무한하다. 무한은 잠재적이고 모호한 어떤 것으로서 우리를 둘러싸고 있지만, 우리의 유한한 시간의 구체성 속에 살아 있기도 한 것이다. 후설에게서 도출되는 이러한 시사점은 유기적이고 방향지워져

있다: 이렇게 볼 때, 이 시사점은 화이트헤드의 철학적 관점과 여러 유사한 점들이 없지 않다. 화이트헤드에 대해 몇 년 전에 적어두어야 했던 것을 나는 이제서야 알게 되었다.

화이트헤드의 느낌은 생활세계이다. 느낌에서는 우주를 완결된 이론의 범위 안에 결론 내리지 않는다. 우주는 하나의 과정 안에서, 다양한 삶의 역사 안에서, 시간 내의 사건들간의 상호관계 안에서 자신을 실현한다. 사물은 과거와 미래에 놓인 무한한 다른 모나드들에 연결된 열린 모나드가 된다. 이러한 모나드는 닫힌 모나드가 아니라 시공간 상의 중심이기 때문에 서로서로 교차하고 조우한다. 사건들의 사회성, 시공간 상에서 일련의 다른 사건들과 연관된 일련의 사건들의 사회성. 후설의 지향성은 화이트헤드의 "미적" 느낌과 유사하다.

역사는 이것을 기술하는데 사용되는 방법론이 아니다. 삶의 과정의 구체성은 진실로 역사적이다. 생활세계는 삶을 앞세움 *Lebensvorgehen*이고, 이것의 의미는 시간성이 어떤 텔로스를 실현할 수 있는 한에서 시간성에 의해 주어진다. 그리고 시간성은 소비이자 죽음이기 때문에 만일 이 시간성이 죽음을 삶으로 변형하는데 성공한다면 삶은 의미를 갖는다. 이것이 바로 죽음과 부활이라는 원래의 종교적 신화가 우리에게 가르쳐주는 바이다.

1958·3·31

기차역에서 나서는 이들의 오른 편에 있는 작은 광장으로부터

알프레드 화이트헤드 Alfred North Whitehead(1861~1947)

영국의 수학자·철학자. 수리철학에 대한 연구에서부터 학문 활동을 시
작하였으며, 제자인 러셀과 함께 집필한『수학 원리』가 이 시기의 대표
작이라고 할 수 있다. 미국으로 옮겨간 후로는, 철학과 과학 그리고 신학
에 대한 해박한 지식으로 모든 종류의 독단에 반대하는 새로운 형이상학
을 구상했다.『과학과 근대세계』,『과정과 실재』,『관념의 모험』3부작이
이 시기를 대표하며, 근대적 이원론을 극복하면서 세계를 생성의 과정으
로 설명하고자 하는 시도를 담고 있다. 영어를 사용한 철학자 중 가장
뛰어난 철학자라는 평가를 받고 있으며, 그의 철학을 일컬어 '유기체
철학' 또는 '과정 철학'이라고 말하기도 한다.

충분한 거리를 두고 고층 빌딩이 올라서고 있다. 땅 속 깊이 기초 공사를 한지 벌써 일 년이 지났다. 이 고층 빌딩은 이제 이십 육 층에 올라섰다. 각 층이 완성되면 층마다 흰색과 검은색으로 씌어지고 밤에는 조명이 밝혀지도록 된 커다란 게시판을 설치한다. 이 게시판은 각 층의 숫자를 표시하고 있어, 보는 이가 아래에서 위로 그리고 그 역으로 모든 숫자를 셀 수 있다. 이 빌딩의 오른쪽에 새로운 고층 빌딩이 세워지기 시작했을 때 이미 첫 번째 고층 빌딩은 꽤 높았다. 조립식으로 짜 맞추어진 강철 빔으로 대부분이 지어진 두 번째 빌딩은 첫 번째 빌딩의 높이를 빠르게 따라잡았다. 건축되는 속도를 보여주기 위해 검고 흰 게시판 대신에 매 다섯 층마다 희고 붉은 게시판으로 진척 정도를 표시하고 있다. 처음에는 오 층에서 시작해서 벌써 이십오 층에 이르렀다.

1958·4·4

마조히즘은 지배하려 하는, 자신을 강요하려 하는, 타인의 인격성을 침해하려 하는 경향을 가진 이들의 부정적 보상이다. 지배자, 곧 몸과 영혼의 자본가는, 자신을 강요하려는 의지를, 우월함이라는 코미디를 반복하는 것을 마조히즘으로 대가 치른다. 사실 진실한 어떤 우월함도 주체에 속하지 않는다. 그것은 주체의 소유물이 아니다. 세계와 타인을 건설하는 자로서 자신을 강요하고자 하는 주체는 사물들의 보상 또는 복수 때문에 결국 자신을 파괴하는 것으로 끝맺음한다.

나에 대한 우상숭배는 나에 대한 부정으로 전도 顚倒된다.

사디즘은 병약함, 복종의 느낌, 타인처럼 살 수 없다는 두려움에서 발생한다. 타인은 잔인해 보인다. 병약한 자는 잔인한 자와 같이 건강하고 강해지기를 원한다. 사디즘은 궁극적으로 무능과 무력감에 대한 광적인 두려움을 숨기는 것이다.

1958·5·9

원형적인 것은 해답을 요구하는 세계의 질문이다. 이것은 존재가 아니다.

이것은 시간적이다. 즉 두 무한성 사이에서 현재에 놓여 있다. 무한성 안의 중심, 핵 *Kern*이다. 무한성은 유한한 모든 것을 둘러싼, 그리고 각 핵 안에서 의미를 요구하는 [달]무리이다.

원형적인 것은 의미가 충만해져야만 하는 시간적 방향을 갖는다. 인간의 작업은——결코 해결되지 않았던——이 문제에 대한 하나의 해답이다. 시간 안에서 행위하는 것은 단지 살아간다는 것일 뿐만 아니라, 끝이 보이지 않는 이 문제 앞에서 하나의 의미를 좇아 살아간다는 것이다. 따라서 역사적이고 시간적인 해답들, 형상적인 해답들, 어떤 문명의 해답들의 복합체는, 바로 이것들이 제한되어 있기 때문에 영원한 해답이다.

1958·6·3

차가운 밤바람 속에서——우리의 희망과 고통은 종종 계절에 묶여, 비와 눈 그리고 깨어나는 봄과 뒤섞인 것만 같다——마치 한 가닥의 진리가 되살아난다. 삶의 공포가 잊혀질 수도 있다는, 그리고 죽음으로 향하는 느리고도 비가역적인 길을 따라 삶의 미로와 뒤틀린 문제들이 시간의 흐름, 용인 容認, 인내와 함께 가치들로 변형될 수도 있다는 진리. 그대의 고뇌를 알지 못한다 하더라도, 웃음은 그대를 위안하고 애정어린 몸짓은 그대의 마음에 와 닿는다.

1958·6·4

후설이 데카르트의 코기토를 현상학적 방법의 중심에 놓았다는 것을 과소평가해서는 안 된다. 그러나 또한 이러한 중심성의 의미를 잘못 이해해서는 안 된다. 철학자가 코기토에서 시작해야 한다는 것이 철학의 영역을 분석-수리적 방법으로 환원함을 뜻하지는 않는다. 오직 자신 안에서만 철학자와 인간은, 명증한 현실의 모습으로, 있는 그대로 제시되는 삶을 자신의 자아성 egoity의 경험 안에서 발견하기 때문에, 철학자는 코기토에서 시작해야만 한다. 여기에서 또한 명증성이란, 논쟁의 여지가 없는 방식으로 우리 삶의 모든 내용이 우리에게 주어지는, 여타 어떠한 것에 앞서는 직접적이고 충만한 직접제시 presentation라는 점을 유의해야 한다.

즉 감각, 느낌, 기억, 이미지, 봄.

　그러므로 우리에게 간접적으로 제시되는 것과 우리가 직접 살아내는 것 사이의 구별이 애초부터 존재한다.

　살과 뼈를 가진 우리가 살아내지 않는 것, 즉 신체적 *leibhaft*이지 않은 것은 간접적이다. 그것은 타인의 증언으로서, 또는 우리의 것이 아닌 행동의 결과로서 대신 받아들여지고 용인되는 것이다. 우리가 직접 살아내는 것은, 대신 논쟁의 여지가 없는 따라서 살아 있는 것이다. [누군가를 통하여] 대리로 알게 된 경험은 우리가 살아낸 것이 아니다. 직접적인 것과 간접적인 것 사이의 예비적인 구별의 의미는 매일의 삶 안에 담겨 있다. 종종 우리는 어떤 사실 또는 이론을 아마도 자세히 말할 수 있을 만큼 "이해하기"도 하고, 또 "이해했다"는 것을 확신한다. 그러나 우리는 그러한 사실이나 이론을 우리의 것으로 만들지 못했다는 점을, 그 사실이나 이론이 우리 안으로 들어오지 않았다는 점을, 이것들을 명증한 것으로 살아내지 못했다는 점을 이후에 깨닫게 된다.

　우리가 살아낸 것으로 경험하는 것과 그렇지 않은 것 사이의 구별은 "이론"에서 뿐만 아니라, 무엇보다 우리 삶의 방식에서 중요하다. 우리는, 전적으로 완전히 살아있는 것은 아무 것도 없다는 사실을 의심할 여지없이 우리 삶의 경험 속에서 경험한다; 전적으로 완전히 죽어있는 것이 아무 것도 없듯이. 바꿔 말하면, 이쪽에는 직접 살아낸 것을, 다른 한 편에는 그렇지 않은 것을 놓을 수 있도록 하는, 삶과 삶이 아닌 것 사이의 날카로운 경계선은 없는 것이다. 삶과 죽음을, 존재와 비-존재를 각각 맞은 편에 놓을 수 있는 것 말이다. 현실에서 가장 짧고 작은 지각 행위의 순간에서조차 우리가 느끼지 않는 것은 아무 것도 없다. 다른 한편으로는, 절대자의 무매개적인 충만함으로서, 나와 세계, 주체와 객체, 유한과 무한, 부분과 전체간의 동등함으로서 현전 現前하는 삶의 어떠한 계기도 없다. 이러한 관점으로부터 어떤 면에 있어서는 간접적인 것 역시 우리가 살아낸다고 말할 수 있다. 그러므로 완전하게 살아내지 않았다고, 혹은 그저 부분적으로만 살아내었다고 알고 있는 것 역시 우리는 살아낸다. 단조 短調의 음정으로 이야기하자면, 우리가 살아낸 것이 우리의 것으로, 논쟁의 여지없이 명증하게, 신체적인 것으로 현전하지 않는 그러한 것을 말이다. 하지만 "우리 삶의 의미"는 진정 "의미 sense"라고 말할 수 있겠다. 왜냐하면 이 의미는 간접적인 삶에서 직접적인 삶으로; 덜 실현된 삶에서 보다 더 실현된 삶으로; 덜 우리의 것인 삶에서 보다 더 우리의 것인 삶으로; 덜 현전하는 삶에서 보다 더 현전하는 삶으로(정확히 후설이 사용한 "현전화"의 의미에서); 더 제한된 삶에서 보다 덜 제한된 삶으로; 관계되지 않은 하나의 부분인 삶에서, 그 안에서 관계들이 살아가는 부분인, 살아있는 삶으로——이것의 정도가 증가함에 따라, 더욱더 많이 우리의 자아 안에서, 자아의 직접적인 삶 안에서, 우주의 지향성이 살아있는 삶. 또한 처음에는 [우리가] 산만하게 느끼고 살아내어 실현되지 못한 것, 그리고 타자로 또는 적대적으로까지 느껴졌던 것, 또는 추상적인 의사소통을 통해 상징적이고 간접적으로만 받아들여진, 우리의 생생한 현재 안에서 현실화되지 못해 우리 소유가 되지 못한 것이 이제 살아있는 삶.

그러므로 우리가 점진적이라 말하는 삶의 의미가 있다. 즉 덜한 것에서 더한 것으로, 간접적인 것에서 직접적인 것으로, 상징적 참여에서 생생한 현재 *lebendige Gegenwart*가 공유되고 관계되는 가운데 실제적 참여로 나아가는 듯한 방향이 있다.

의미를 갖기 위해 삶 자체는, "더 살아있음"을 요청하고 요구하는 "덜 살아있음"으로서, 점진적 방향 속에 위치하지 않을 수 없다. 이러한 방향("의미"로서의 방향)은 어떤 이론이 아니다; 다시 말해 어떤 전제로부터의 연역이 아니다; 우리는 이 방향을 타인이나 우리가 사는 문화적 환경에서 받아들이기 때문에 이 방향은 우리가 가지고 있는 무엇도 아니다; 최종적으로 이것은 간접적인 무엇이 아니고, 우리가 살고만 있다면, 살지 않고자 하고 더 이상 살 수 없다고 믿을 때조차, 우리 안에 언제나 현존해 있는 최소한의 직접적인 것이다.

회의하고 있다는 사실을 제외한 모든 것을 우리가 회의할 수 있는 것은 바로 이러한 새로운 의미에서이다. 코기토의 경험은 다음과 같은 방식으로 표현될 수 있다: 우리는 모든 것을 산만하게 그리고 대신하여 살 수 있다. 단 대신하여 사는 때조차도 우리가 살고 있다는 사실 그 자체는 제외하고 말이다. 그러므로 삶의 의미는 삶 그 자체에 내재해 있고, 또한 가장 산만하면서 거의 현존해 있지도 않고 "명증적으로" 살아내지 못한 삶에도 내재해 있다.

형식[논리]적 관점에서는 지금까지의 이야기가 동어반복에 불과한 것일 수도 있고, 피상적으로 생각해 본다면 삶의 가치는 삶이라고 진술하는 것 이상의 의미는 갖지 못하는 것일 수도 있다.

또한 동어반복을 형식적이고 공허한 동일함으로 간주할 수도 있다. 그러나 현실에서는 내가 가장 낮은 수준에서 살아갈 때조차 내가 살아가지 않을 수 없다는 사실(모든 것을 의심할 때조차, 내가 의심하고 있다는 것 자체는 의심할 수 없다)이 갖는 의미는 다음과 같은 곳에 있지 않다. 뿌리에서 잘려나간, 즉 살아감이라는 직접적인 경험——이것은 살아가지 않는 상태에도 항상 현존한다——에서 잘려나간 동어반복 명제로 삶의 의미의 비 非-부정성을 환원하는데 있는 것이 아니다; 이것이 아니라, 삶의 의미에 관한 진술은, 우리가 이 삶의 의미를 "살아내고" 이것이 현전화된 명증성인 한, 필증적 apodictic이라는 사실에 있다. 이것은 어떤 경우에도 부정할 수 없이 현존하는 채로 남아있는 것들을 구성한다; 판단을 중지하고 세계와 나를 부정한 이후에 남는 것을 구성한다; 최종적으로는, 코기토를 부정할 수 없다는 것은, 내가 살아간다는 사실을 부정할 수 없다는 것으로 바꿔 말하게 되고, 마침내 (내가 살아감과 내 안에서 무한 無限이 살아감 사이에 확연한 구별이 없다면) 보편적인 삶을 부정할 수 없게 된다. 지금까지 말한 바대로 삶의 의미는 아마 참되면서도 고유한 현상학적 잔여일 것이다.

1958·6·11

우리는 역시 현실적이지 않게 주어진 것을 살아간다. 우리는 지각될 수 없는 것을 지각한다(이것은 내가 『파르메니데스의 의의 *Significato del Parmenide*』에서, 그리고 『시간과 지각 *Tempo e percezione*』

에서 반복해서 말했던 바이다).

현상학은 진리인 것을 살아있는 것에 보다 더 가깝게 하고자한다. 삶과 진리의 지향적 수렴은 아마도 후설의 지향성의 가장 심오한 의미일 것이다. 현실에서 현존하는 특수한 것에서 내가 견본, 정형, 형상, 진리의 구체화를 발견하는 것은, 오직 내가 본질 안에서 내 자신을 초월할 때에만 가능하다. 우리의 삶을 실현하기 위해 노력하면서 사는 것, 그리고 진리이면서 본질적인 것의 경험을 우리의 삶 안에서 발견하면서 사는 것은 시간에 근거한 삶의 방식이다. 이러한 삶의 추구는 프루스트에게서 『잃어버린 시간을 찾아서』로 나타났다.

1958·6·24

어떠한 철학적 명제도 단순한 "제안"일 뿐이라고 집요할 정도로 확고하게 주장하면서(이 확고한 주장조차도 "가설"이고, 절대적이거나 형이상학적인 것이 아니라고 말하면서), 어떠한 관점도 우리 삶의 늘 불확실한 경험과 우리의 "인간적인, 너무나도 인간적인" 상황 —— 비속하면서 일상적일 뿐만 아니라 비학문적이고 "아카데믹"하지 않는 상황을 뜻한다 —— 에 연결되지 않는다고 생각하는 것은 이상한 일이다.

시간과 유한성과 죽음에 직면했을 때, 이것들이 우리를 조건짓는다고 말해서는 안 되는 것만 같다. "조건지음"도 독단적-형이상학적일 수 있으니 말이다. 이러한 주장들은 어떤 철학이 도달할 수 있는 듯 보이는 가장 깊은 심연이다. 이 주장들이 그저 "재잘거리는 소리"가 아니라면, 다른 주장과 마찬가지로 하나의 심리학적 반응인 것이다. 독단론을 이겨내는 가장 좋은 방법이 반 反-독단론의 독단론자가 되는 것은 아니다. 반-독단론의 이론은 정확히 독단론만큼만 그럴 듯하다. 이러한 입장들은 그 자체로 원래 유효하지 않다. 대신 이 입장들은 줄곧 상이한 방식으로 [개인이] 그 속에서 "살아낸" "사적 私的인" 입장이다. 그러한 상이한 방식은 개인의 역사, 취향, 인문-문화적인 경험, "스타일"에 연결되어 있다. 그렇다면 왜 [반-독단론자들은] 비-철학적으로 "기록된" 에서 이를 험담하고, 예를 들자면, 사르트르가 소설을 썼기 때문에 진지하지 않았다고 믿는 걸까? 소위 "반-독단론"에는 이상하게도 "문학적인" 철학들에 대한 끊임없는 험담과 못 말리는 무비판적인 "과학적" 증명에 대한 신앙이 함께 붙어 다닌다. 결국 이것은 진리를 가질 수 없는 상실감에 대한 실망의 징후이다. "반-독단론"은 이렇게 주장하는 것만 같다. "내가 진리를 가지고 있지 않으니 분명 지금까지 누구도 진리를 가지지 못했을 터이고 따라서 누구도 가져서는 안 된다고 증명하는 것은 필연적이다." 이것은 정말 허울좋은 가식으로 점철된 증명이다. 문화는 자신이 결정적인 진리임을 증명하려 가장하지 않고 인상, 감각, 환상, 관찰, 숙고, 느낌과 분노로 스스로를 "자연스럽게" 드러내는 작업들로 가득차 있다.

대화편에서, 플라톤은 즉흥적이면서도 마주하고 있는 한 인물——그리고 한시적인 인물들과 관련되는 어떤 상황에 처해서——의 "인상주의적인" 이야기 discourse로서 매 철학적 주제를 제시한다.

영화에는 보통 이런 경고가 뜬다: "실제 인물이나 사건에 대한 어떠한 관련도 순전히 우연한 일입니다." 반-독단론을 옹호하는 은밀한 독단론자를 만족시키기 위해서는 모든 책의 서문에 다음과 같이 적어두면 충분할 것이다: "이 책에 담긴 어떠한 진술도 순수한 제안과 **진행중인 가설**로서 간주되어야 할 것입니다."[보어—영역자 주] 이런 주석이라면 어떠한 독단론도 수정 없이 눈감아주는 것이 가능하다.

1958·7·1, 카몰리에서

이상하게 연관되는 반성. 셸링이 뵘 Boehme에게서 참조했던 것은, 선과 악, 빛과 어둠이 뒤섞이는 다의적인 근본 원리에 대한 참조가 아닌가? 사람의 자유는 다의성을 극복할 가능성인가? 바로 이 다의적인 배경 앞에 놓인, 후설의 생활세계——이것이 현존에서 명증성과 연결되는 한에 있어서——의 긍정적인 의미를 나는 본다. 모든 것들이, 환상과 꿈조차 현실이 될 수 있는 시각적 본질들로 세계를 변형하는 것. 이것들이 나로 하여금 발레리의 『해변의 묘지 Cimetière marin』[10]의 울림을 재발견하도록 이끌었던 생각이었던 것 같다. "시간은 반짝이고 꿈은 지식이로다." 카몰리 가까이에 있는 소리 Sori의 작은 공원묘지: 바다의 기쁨: "웅성거림 높아가는 기슭의 변모를." 이러한 인상들과, 끝이 보이지 않는 문제에

10. 아래 번역은 폴 발레리, 『해변의 묘지』, 김현 옮김, 민음사, 1997, 78~105쪽에 따름

대한 대답으로서 인생을 대하는 내 생각과의 연결지점. 발레리는 삶이 죽음에서 솟아날지 모른다는 생각에 반대하지만, 그의 시는 죽음에서 솟아나며 죽음을 변형시키고 있다: 그의 시는 죽음에 대한 살아 있는 대답이다. 따라서 "깡마르고 금빛 도금한 검푸른 불멸"이 아니라, 어떠한 살아있는 대답도, 이것의 유한성과 시간성 안에서 이것이 반복될 수 없다는 바로 그 이유 때문에 영원하다는 의미.

바다에 대한 열정. "사유 다음에 찾아드는 보답"일 뿐만 아니라, 단절 rupture, 즉 체계와 책에 대한, 추상적 사유 속으로 세계를 결정화하는 것에 대한 에포케:

날아가거라, 온통 눈부신 책장들이여!
부숴라, 파도여! 뛰노는 물살로 부숴 버려라
돛배가 먹이를 쪼고 있던 이 조용한 지붕을!

1958·7·3

우리가 생각할 때, 우리 안에 어떤 일이 벌어지는 지를 기술 記述하는 것? 기술하는 것: 움직이고 있는 생각의 형태를 보는 것: 우리 안에서 스스로를 생각하는 우주, 그리고 우리 안에서 우주는 명백해지기 위해, 빛이 되기 위해 투쟁하는가? 자서전이 아니라, 우리가 생각할 때 우리 안에서 벌어지는 일의 역사. 철학적 체계란, 우리 몸과 세계와 우리 안에 시간화된 "열린" 무한성의 움직임

폴 발레리 Paul Valéry(1871~1945)

프랑스의 시인·수필가·비평가. 대표작으로『젊은 파르크 *La Jeune Parque*』
와『해변의 묘지 *Le Cimetière marin*』등이 있다. 특히 말라르메를 자신의
우상으로 삼았고, 그를 중심으로 하는 모임에 꾸준히 참가했다. 초기에는
상징파를 표방하는 잡지에 실린 시가 호평을 받기도 하였으나, 곧 감정에
몰입하기를 거부하고 '지성의 우상'에 헌신하게 되었다. 그의 시는 대부
분 인간의 의식 속에서 명상하고자 하는 욕망과 행동하려는 의지가 빚어
내는 갈등을 주제로 하고 있다.

으로부터 출현하는 진리의 보다 심오한 다이내미즘 dynamism 내에서, 정교하게 정지된 인위적인 휴지 休止일 것이다.

1958·7·5, 아렌짜노에서

후설의 『이념들 III』, 특히 맺음말 *Nachwort*과 몇몇 부록 *Beilagen*에 대한 성찰. 우선, 감정이입에 대한 성찰. 순수 주체는 자신의 환경세계를, 지금 이곳에서 자신의 존재를 가지고 있다(109쪽): 모든 것이 시간에 근거하고 있고, 구성의 의미는 엄밀히 신체의 상호-모나드성 inter-monadicity에 연결되어 있다는 것은 명백하다.

 직관적인 것을 옹호하고, 신비주의적인 것과의 구별을 옹호하는 것(45쪽). 후설의 직관이 어떻게 도식적인 것과 유사한지를 주의 깊게 보아야 한다. 여기에서 나는 칸트의 도식론을 역시 모범으로 이해한다. 도식론은 결국 실험주의를 허용한다(52쪽). 우리 세기의 기술주의에 대해 후설의 직관주의가 갖는 중요성: "명증성"은 이러한 기술주의에 반발하여 마지막에는 지향성으로 나아간다. 사실 이것 자체가 지향성의 증거 그 자체이다(95~97쪽).

1958·7·7, 밀라노에서

오후에 루크레티우스 Lucretius의 『있는 것들의 본성에 관하여 *De rerum natura*』[11)와 엠페도클레스의 영향에 관한 몇 가지 생각들이 떠올랐다. 루크레티우스에게서 에로스는 두드러진 주제이다. 그리고 이 에로스가 정확히 6권에서 과학에 대한 서사적 찬양에서 다의성에 대한 극적 인식으로 시를 변형하고 있다. 인간 문명의 역사는 또한 다의성으로부터의 정화의 역사이다.

아테네에서의 전염병은 투키디데스와 의사간의 관계를 생각하게 한다: 질병과 치료로서의 자연(예거 Jaegar가 "히포크라테스의 공리"라고 부른 것: 자연은 스스로를 치료한다). 루크레티우스는 질병과 문명간의, 그리고 아마도 광기와 문명간의 비밀스런 관계를 느꼈다. 정신 이상의 신화는 이 시와 긴밀히 연결되어 있다. 사람과 자연간의, 그리고 미움과 사랑간의 엠페도클레스의 모순이 루크레티우스에게 반영된다: 결국 엠페도클레스의 영향이 에

---

11. 『있는 것들의 본성에 관하여』의 수신인은 카툴루스와 연합을 맺었던 멤미우스라고 알려져 있다. 이 책은 모두 여섯 권으로 구성되어 있으며, 그 각각은 주제와 구성면에서 독립적인 단일성을 이루고 있다. 1권은 에피쿠로스 학파의 형이상학과 자연학의 전제에 대해서 다루고 있다. 무 無로부터는 아무 것도 나오지 않는다는 전제에서 시작해 이 세계의 붕괴를 기술하면서 끝을 맺고 있다. 2권은 원자의 운동과 형태, 그리고 이것과 성질들과의 관계를 다루고 있다. 결론으로 역시 세계의 시작과 끝에 관한 설명을 제시하고 있다. 3권은 인간 영혼의 본성에 대한 설명을 제시하고 있으며, 영혼은 언젠가 죽을 수밖에 없고, 이것을 두려워 할 필요가 없음을 주장한다. 4권은 지각과 같은 다양한 심리적 현상에 대해서 논의하고 있다. 특히 여기에는 사랑에 대한 비판적 분석이 담겨 있다. 5권은 이 세계의 필멸성 mortality에 대해서 말하고 있으며, 가장 널리 알려진 부분인 인간 문명의 발달에 관한 이야기로 마무리한다. 6권은 천둥, 번개, 지진 등 신들에 대한 그릇된 믿음을 만들어내는 자연 현상에 대한 설명으로 이어간다. 그리고 마지막으로 아테네의 전염병에 대한 원인을 분석한다. 책 전체를 다시 세 부분으로 나누어 볼 수 있는데, 1권과 2권은 원자 수준의 현상에 대해서, 3권과 4권은 인간에 대해서, 5권과 6권은 세계에 대해서 다루고 있다. 즉 원자론에서부터 시작해 거시적인 범위까지 지평을 넓혀가고 있다. 이 책의 주된 목적은 신들과 죽음에 대한 두려움이 근거 없음을 밝히는 것이라고 할 수 있다.

피쿠로스의 영향보다 강하다.

루크레티우스와 카툴루스: 카툴루스에서처럼(시 *Carmen* 76) 루크레티우스에게도 종교성이 있으며, 『있는 것들의 본성에 관하여』의 제4권의 에로스는 아티스 Attis를 생각나게 한다.

루크레티우스는, 카이자르처럼, 고뇌를 발견한다. 카이자르의 대답은 로마의 문명, 키케로의 법률 서사시(철학 "장서들" 앞에 서문으로 붙인 열두 번째 법률 석판)이다.

카툴루스? 결국 로마와 키케로식의 『공화국 *res publica*』——『스키피오의 꿈 *Somnium Scipionis*』을 담고 있는——의 영광은 카툴루스에게 죽음에 대한 대답으로서 중요한 것인가? 나, 즉 레스비아와 사랑에 빠진 카툴루스는 단독자이며, 개인이다. 카툴루스-키에르케고르, 즉 에로스의 프롤레타리아, 비록 카툴루스는 사랑할 수 있었고, 키에르케고르는 사랑할 수 없었다 하더라도. 카툴루스는 신에게 자신의 고통에 대한 은총을 청한다. 그는 키에르케고르보다 더욱 심오하게 에로스의 다의성과 변증법을, 루크레티우스의 그것과 유사하게, 살아간다: 신체들의 교섭과 그렇지 않음, 유아론. 그럼에도 루크레티우스는 삶의 적극적인 원리를 믿는다: 비너스.

황폐의 시대: 마리우스, 실라, 카이자르, 루크레티우스, 카툴루스, 클로디우스, 클로디아: 사르트르에게, 또 토마스 만에게도 돋보였던 주제. 독재자. 야만에 대한, 너무 어려웠던 시대에 대한 해답으로서 팍스 로마나 *pax romana*. 그때 타키투스: 그들은 고독함을 느끼고 평화를 외친다 *solitudinem faciunt, pacem appellant*. 오늘날 이것은, 핵전쟁 이후에 오는 평화쯤 된다.

1958·7·8

마키아벨리는 "모든 사람은 죄가 있다"고 전제했다. "인간은 결코 선한 일을 하지 않는다, 필요할 때를 제외하고는." 선한 습관이 없기 때문에 법률이 생겨난다(*Discorsi*, I, 31).

나는 홉스를, 그리고 비코의 『거대한 숲』을 생각하고 있다. 이러한 생각들을 핵무기의 위협에 적용하는 착상: 즉 인간은 핵폭탄에 의존해 핵전쟁에 말려들지 않도록 강제되어야 한다(사실 사정은 지금 이러하다). 이는 인간이 삶을 선택한다는 것을, 삶에 가치를 부여한다는 것을 전제하고 있다. 인간이 계속해서 삶을 선택할 수 있을지는 확실하지 않다. 이러한 이유들 때문에 인간은 미쳐 있다.

1958·7·9

칫시러 Cassirer: 『군주론 *Prince*』은, 이것이 역사 속에서 행했던 영향력과는 별도로 하나의 미스테리이다. 이 미스테리는 악의 문제, 서양인들이 테크놀로지로 극복하고자 했던 칸트의 근본적인 악의 문제이다. 불교의 너바나가 사실은 삶에 대한 존경, 삶을 가치 있는 것으로 선택한 것에 근거함을 잊지 않도록 하자.

원형적인 야만주의. 홉스, 비코, 마키아벨리: "세계가 시작되었던 순간, 몇 되지 않았던 거주민들은 야수처럼 흩어진 채로 한동안을 살았다"(*Discorsi*, I, 2). 이것이 루크레티우스의 야만적인 삶 *more ferarum*

이다. 원형적인 야만주의와 원시적인 야만주의를 혼동하는 위험. "문명화된" 인류조차도, 자신을 있는 그대로 느끼면, 자신 안에 있는 거대한 야만적 고대성을 실감하게 된다.

루소의 문제의 진정한 의미: 원형적인 것의 긍정성을 발견하는 데 성공하는 것. 이러한 다의성은 루소와 마키아벨리가 공유하고 있다.

우리 시대의 해결책: 어제 로젠블랏 Frank Rosenblatt은 704, 즉 새로운 전자 슈퍼-브레인의 구축을 발표했다. 704에 사용된 원리는, 인간의 얼굴을 인식하고 번역과 발화를 수행하는 "퍼셉트론 perceptron"의 구축을 가능케 한다. 로젠블랏이 선언한 바, "퍼셉트론"은 자신을 재생산하는 법을 습득하고, 자신의 실존을 의식할 수 있게 된다. 그는 또한 이것이 "근대전에서 파괴 또는 생존을 의미"할 수도 있다고 여백에 남긴 주석처럼 덧붙였다.

모스크바에서 돌아온 헨리 Joan Henley 박사는, 러시아가 이미 "죽음으로부터 귀환"할 수 있는 기술을 완성하는 길 위에 올라섰다고 선언했다. 러시아는 5분 동안 죽어있었던 개를 소생시켰다. 미국은 2분 뒤처져 있다.

1958·7·24

우리 시대의 러브스토리, 예를 들면 19세기의 러브스토리와 비교했을 때, 스완 Swann과 마르셀 Marcel의 러브스토리. 1부: 예술에 대한 스완의 사랑, 그러나 또한 "새롭고 감미로운 문체 *dolce stil*

Giambattista Vico.

잠바티스타 비코 Giambattista Vico(1668~1744)

이탈리아의 철학자. 오늘날 문화인류학이나 민속학의 선구자로 인정받고 있다. 특히 주저인『새로운 과학 *Scienza nuova*』에서 역사와 더욱 체계적인 사회과학들을 수렴하여 이 둘을 상호 침투시켜 단일한 인간과학을 만들려 했다. 데카르트의 연역적 방법이 유행하고 있을 때, 그는 감각이라는 근대적 문제, 곧 생활감각과 역사감각의 문제를 제기했다. 그는 인간 사회가 성장·쇠퇴의 단계들을 거친다고 묘사했다. 즉 초자연적인 공포가 지배하는 '신들의 시대'에서 지도자들이 동맹하는 '영웅의 시대'를 거쳐, 이후 계급갈등 속에서 평등한 권리가 쟁취되면 '인간의 시대'가 도래한다고 보았다. 종교를 우위에 놓는 그의 인류학은 이탈리아의 르네상스 철학자 조반니 피코 델라 미란돌라의 사상에 영향받은 것이다. 그리고 이러한 거대한 스케일의 역사철학적 구상은 이후 괴테, 미슐레, 콩트, 맑스 등 많은 사상가들에게 큰 영향을 미쳤다.

nuovo."12) 그래서 남자 또는 여자가 자유로이 다른 한 쪽의 "형상"을, 이미지를 본다. 사랑의 시작은 에포케가 될 수 있다: 삶의 새로운 의미를 발견.

2부: 현실은 다르다는 것을 발견함. 사실성.

3부: 다른 한 쪽을 소유하려는, 다른 한 쪽을 사물로 축소시키면서 소유자가 되려는 시도. 당연하게도 사물이 된 쪽이 이제 사랑을 불가능하게 한다. 자아들간의 억누를 수 없는 한계를 의식함. 불가능한 결합력이 세속의 에로스를 극복하게 한다.

4부: 예술을 통해, 또는 소설을 통해, 아니 일반적으로는 문화를 통해 본질로 되돌아감. 주어진 것이 아니라, 억누를 수 없는 세계의 의미로 본질이 다시 한번 태어난다.

12. 아레쪼의 지우토네는 토스카나 지방시인들에게 매우 유명한 학교였다. 당대의 시인 중 귀도 귀니첼리는 지우토네의 학교에서 시를 배웠으나 점차로 독립적으로 시작 詩作에 몰두하게 된다. 그리고 당대의 많은 시인들이 그의 시가 지니고 있는 신선함에 매력을 느꼈으며, 많은 추종자가 되었다. 그렇게 해서 그는 '돌체 스틸 누오보'['청신체'라고 번역하기도 한다의 창안자가 되었다. 이는 후에 이탈리아 르네상스 문학에 지대한 영향을 끼치게 된다. 돌체 스틸 누오보의 새로운 점은 무엇보다도 시의 형식에 관심을 기울였다는 점이다. 그렇다면 시의 대상으로서의 사랑이라는 개념은 어떠한 것인가? 당시의 사랑이라는 개념은 성적인 표현이거나 남녀간의 상열지사를 의미하지 않는다. 그러한 것은 당시의 여자의 개념이 '부족한 남성 uomo mancante'였다는 점에서도 유추할 수 있다. 당대의 '사랑'이란 내부적인 발전, 또는 수양이자 진리의 획득이었다. 그러한 점에서 당시의 많은 철학자들의 저서명이었던 '애정론'이라는 책은 영혼에 관한 글이자 형이상학적인 이상으로서의 진리, 혹은 신에 관한 글이었다. 이는 귀니첼리의 시를 잠시 들여다보아도 확인할 수 있다. 그의 몇몇 시행에서 사랑은 귀족성과 동격으로 쓰이고 있음을 발견하게 된다. 당시의 귀족성이라는 개념은 결국 영혼의 샘이라는 고풍스러운 관념으로 사용되었던 것이며, 사랑이라는 당시의 개념을 유추할 수 있게 해준다. 이렇게 형이상학적인 대상에 대한 찬미는 하나의 형식으로 귀결되었으며 단테를 거쳐서 하나의 문학적 표현으로서 자리잡게 되었다.

자아 그리고 후설의 모나드가 개체화와 자기 *Selbst*라는 혼란스러운 융의 문제와 맺는 관계를 연구하는 것.

일종의 현상학의 계기들로서, 인격, 원형적인 이미지들, 아니무스-아니마 *animus-anima*.

융에게서 개체화는 인격의 그릇된 물신화로부터, 에포케를 취하지 않은 무의식에서 갈라져 나온 암시들의 부정성으로부터 자기를 자유롭게 하고자 노력한다. 빈스방어 Binswanger의 이중 관계 dual relationship에서 아니무스-아니마를 고쳐 쓰고, 현상적 의미에서 교정하기 위해서, 융을 다시 읽는 것. 그렇게 해서 후설의 모나드가 자신의 환경세계와 함께 시간성과 『위기』의 목적론적 지향성 안으로 들어가는 그 방식에 따라 특징지어진, 실존의 양상들로 이해된 집단들의 현상학의 가능성을 보는 것.

의식과 무의식의 통합으로 이해되는, 그래서 목적론적 상관관계로서, 살아낸 이념으로서 이해되는 자기. 자기는 사실 달성되지 않은 하나의 총체, 하나의 "집합"이며, 따라서 이상적인 것이다: 우리가 그것의 일부이기 때문에 우리는 그것을 이해할 수 없으며, 실현할 수도 없다. 자기의 변증법과 음 陰-양 陽간의 관계를 확립하는 것. 이 문제의 합리적 기원이 논리학에 대한 후설의 연구에서, 정확히는 (부분과 전체에 관해 다루어진) 『논리 연구 *Logische Untersuchungen*』의 제3부에서 발견된다는 점이 흥미롭다.[13]

13.『논리 연구』 2권의 제3부 "전체와 부분에 관한 이론"을 말한다.

1958·8·12, 벨라리아에서

현상학에서 실존주의가 태어난 것과 관련해, 무엇보다도 다음과 같은 말을 하는 것이 또한 가능하다. 현상학은 진리의 봄 vision이지만, 진리는 무한하다. 지향성을 본질의 영역으로 귀속하는 것이 가능하고, 진리의 특성은 그것의 가시성이라 주장하는 것도 가능하지만, 그러나 진리는 끝을 드러내지 않으며 정복되지 않는 채로 남아있다. 이러한 의미에서(그러나 이것은 가능한 의미들 중 단 하나일 뿐이다) 진리는 초월적이다라고 말하는 것을 아무도 막을 순 없다. 마르부르크 학파와 반피가 초월적이라는 말에 부여한 그 의미대로 말이다. 이와 유사한 방식으로 의식은, 이것이 우리를 한계 진리 a limit truth로 향하게 하고 말하자면 다양한 "형상들"을 한계 진리로부터 도출한다는 의미에서 초월적이다. 초월적 지평은 목적론적이고 무한하다. 의식은 무한으로부터 지평의 봄을 도출한다. 초월적이라는 용어는 형상에 관련된 의식의 지향적 활동에 속한다고 할 수 있으며, 이때 의식은 진리의 무한성 내에 있는 "도식적" 영역들의 봄에 지향성을 적용한다.

신체 안에 있지 않은, 실존과 시간과 지각 안에 있지 않은 의식을 갖는 것은 가능하지 않으며, 후설에게는 확실히 불가능하다. 이제 진리가 무한한 것처럼 생활세계로서의 지각도 무한하다. 우리는 생활세계에서 지각한 것을 살아내지만, 우리가 지각한 것은 수면 아래에 잠겨 있는 대륙의 보이는 꼭대기이다. "지각된" 섬이 올라 서있는 보이지 않는 대륙. 현상학적 관계주의에서 생활세계의 무한성과 초월의 무한성 사이에 존재하는 바로 그 관계가 과거와 미래 사이의 관계이다. 보다 정확하게는, 그것이——동일한 것으로는 결코 획득되지 않는, 생활세계와 초월적 진리 사이의 관계처럼——과거와 미래간의 관계로 지금은 아니지만 앞으로 될 수 있는 것이다. 시간의 비가역성은 이 관계를 가능하게 하는 토대이다. 그리고 이 관계는 살아있고 진실한 형식들——측정할 수 없는 두 무한 사이에 놓여 있는 형식들——의 종합으로서의 도식 안에서 구체화된다. 따라서 초월적 의식은 신체와 우주의 물리적 토대이자 자연적 토대이다(후설이 에포케를 적용하는 물신화된 자연이 아니라, 살아있는 현존으로서 이해되는 자연이라는 의미에서). 이 새로운 현상학적 의미에서 자연이라 부르는 것은, 신체의 관계적 종합 없이는, 도식론에서 표현된 진리와 실존간의 종합 없이는 불가능하다.

두 무한 사이에 놓여 있는 실존주의는 자연과 진리, 실존과 관념, 감성과 본질간의 관계적 종합을 파괴하는 경향이 있다. 관계주의는 현상학의 경험을 다시 한번 반복하고 칸트의 도식론을 혁신함으로써 이 종합을 재발견한다. "긍정적인" 실존주의는 현상학에서 태어나 관계적 지향성에 따라 현상학을 다룬다.

인간의 신체적이고 역사적인 현실에서 초월적 지향성을 재발견하는 일이 내게 필요했다. 이런 이유로 이미 50년대에 나는 '인간은 초월적이다'라고 말해야 했다(무 無는 인간의 문제이다 *Il nulla é il problema dell'uomo*).

현상학은 또한 삶 속의 진리를 느끼고, 살아내고, 발견하는 하나의 방식이다. 삶 속의 진리를 그리고 진리 속의 삶을 계속해서 경험하는 것이다. 예술, 윤리학, 문화 일반의 제반 형식들이 그러하듯이, 과학과 기술이 태어나는 것도 이러한 "도식적"이고 역사적-자연적 경험에서이다.

후설이 말하는 엄밀함은 도식론을 형상적인 것으로 발견하는 일에 정확히 연결되어 있다. 이것은 살아있는 지식의 토대로서 플라톤주의가 재탄생하는 것을 의미한다. 실존은 신체성, 생활세계이다. 종합, 도식, 그것은 자연과 역사의 구체성이다. 이것이 바로 플라톤이 『파르메니데스』의 세 번째 가설에서 추구했던 것이다.

그러므로 현상학은 철학을 기술 技術적이고 제한적이고 체계적인 의미에서 엄밀학으로 발견하는 게 아니다. 후설 자신이 때때로 이러한 물신주의에 빠져드는 걸 염려했다.

현상학은 진리를 향한 움직임으로, 무한한 비-인식의 어두움과 무한한 진리의 빛 사이에 놓인 채 계속되는 발견과 재발견으로 삶을 경험하는 것이다.

1958·8·14

해변은 수없이 많은 보쉬 Bosch 형태들을 위한 무대이다. 다리, 장, 가슴, 생식기. 오랜 세월로 훼손된 주름진 신체들, 모든 동물의 종을 닮은 얼굴들. 납골당을 암시하는 벌거벗은 인간성. 거의 모든 악이 이런 저런 형태로 재현되는 것 같다. 모든 신체에는 각 나름의 이야기가, 드라마가 있다. 종종 그로테스크한 캐리커처이긴 하지만. 물론 아름다운 여자들과 잘생긴 남자들도 몇몇 보았다고 말할 수도 있겠다. 그러나 그들은 또한 인공적이고 만들어진 것을 지니고 있었다. 아이들을 발견할 때까지 눈은 호기심에, 그러나 헛되이, 반짝이고 있었다. 이 아이들 안에서 인간의 조건은, 슬픔과 그로테스크와 악마성에도 불구하고, 힘든 여정을 계속하기 위해 다시 태어난다.

조그마한 네 살짜리 프랑스 여자아이. 쉬는 시간도 없이 물에 뛰어들고는 잠들기를 반복한다. 이 꼬마 아이는 좋건 나쁘건 상관없이 어떤 자극에도 즉시 반응한다. 울고 또 웃는다. 아이의 눈은 무언가를 갈망하는, 공격적이다시피 한 파란색이다.

다시금 저 안에서 나타나는 삶의 의미: 지향성. 살아가는 과정은 계단처럼 한 걸음 한 걸음 나아가는 것이 아니다. 그것은 최고점에 이르렀다가는 이내 떨어지고 약화되어서는 붕괴되는 곡선이다. 각각의 살아있는 존재, 각각의 문명이 자신의 본질을 향한 숨찬 열망 안에서 최고의 충만함에 이르는 [순간적] 계기들.

아이들의 눈엔 바닷가에서 불어오는 아침 바람의 순수함이 있다: 가능성으로 열려있는 지평선의 순수함이.

1958·8·15

바다의 행복한 고독(긍정적인, 필록테테스의 고독의 다른 측면). 남성과 여성의, 물과 태양의 통일. 위대한 신화. 그러나 여성의 원리를, 남성의 원리를 절대화하는 것은 불가능하다. 즉 남성과 여성은 서로 관계 맺고, 하나는 언제나 다른 하나의 부분을 자신 안에 포함하고 있다. 주체가 객체를 포함하고, 또 그 역이 성립하듯이.

어머니에게서 떨어지면서 우리 인격성의 형태가 생기는 것. 자아의 구성, 유아론적 고독의 구성. 불가피하게 상실된 물질적인 것에 대한 감각은 여성의 형상, 이미지로서 우리 앞에 투사된다.

유사한 방식의 여성의 구성. 풍요[수태]를 위한 필요욕구. 반면 남성에게 그 형상은 [이미] 수태한 어머니가 아니라, [앞으로] 수태하게 될 어머니의 이미지이다.

자아들의 복잡한 변증법은 신체에서뿐만 아니라, 성 sexuality에서 시 詩와 사상 思想에 이르는 에로스의 다양한 양태들로 이해되는 짝짓기 Paarung에서도 구체화된다. 결국 짝짓기는 빈스방어의 "이중" 실존이며, 이것을 후설은 짝짓기란 용어로 표시한다. 어떤 이의 아이들과의 관계. 이 안에서 물질적인 자궁으로의 불가능한 귀환은(비가역성 때문에 불가능한) 새로운 시작, 다시 태어남이 된다(나는 줄곧 니코데우스, 『요한』, 3, 3을 생각하고 있다).

정신분석학적 대화 자체에서 오이디푸스 콤플렉스의 변증법은, 만일 이것이 귀환의 구실이 된다면, 완전히 정적인 것으로 되어버린다.

1958·8·16

감각적인 자기 의식. 나란히 놓인 이 두 용어는 도식론의 전 문제를, (상호-모나드성의) 변경[alterity; 다른 존재자로부터 자신의 존재를 확인하고 변화시키는 것]의 문제를, 그러므로 유아론을 극복하는 문제를 전제한다. 과학적 담론은, 현상학적 환원을 수행하게 되면, 주체가 유아론적인 데에서 머물러 있는 담론으로 드러난다(비트겐슈타인). 형식 논리 그 자체를 현상학적으로 토대를 마련하는 일이 필요하다(후설의 처방에 따라).

근본 경험으로서의 "느낌"은 언제나, 타자를 단순히 내 느낌의 대상이 아닌 어떤 것으로 느끼는 역설이다. 후설의 작업틀 내에서 시작점은, 의식된 것 *cogitata*에 지향성을 부여하는 의식작용 *cogito*이다. 그러나 의식된 것이 비록 의식작용에서 지향성을 부여받는다 하더라도, 코기토가 여럿이라는 문제가 해결될 때에만, 즉 자아가 모나드로(모나드에 관해 후설이 『다섯 번째 성찰』에서 밝힌 의미대로) 변형될 때에만, 의식된 것은 의식작용과 관련하여 한계를 넘어서게 된다.

1958·8·17

후설은 『성찰』 첫머리에서, 현상학이 데카르트의 『성찰』에 담긴 언제나 적절한 가치를 추구하는 신-데카르트주의의 한 형태라고 밝혔다. 데카르트는 절대적인 토대를 발견하고자 한다는 것을 후설이 상기시킬 때, 후설의 언어에서 이러한 토대는 넘어설 수 없는 "직관"이라는 점을 잊지 않아야 한다. 직관이 원형적인 것은 바로 이러한 의미에서이다. 그리고 직관이 명증한 것은 그것이 바로 원형적이기 때문이다.

이러한 지점으로부터 '자아는 의식된 것을 의식된 것으로 의식한다 *ego cogito cogitata qua cogitata*'라는 원리가 발전해 나아간다. 이때, 만일 한편으로는 의식된 것이 의식작용에 대해 소위 내부적이라면, 동시에 다른 한편으로는 의식된 것이 초월적이라는 의미에서 또한 외부적이라는 점을 분명히 파악할 필요가 있다. 지향성의 심오한 의미는, 의식작용이 지향성을 부여하는 의식된 것 또한 자아에 관련해서 초월적이라는 점이다. 만일 자아와 의식된 것간의 관계가 초월성을 산출하지 않는다면, '자아는 의식된 것을 의식한다'는 명제는 순수 동어반복으로, 그 의미가 전적으로 부정적이진 않은 문장으로 간주될 수 있다(그러나 이것이 유일하게 가능한 관점은 아니다). 동어반복으로서 이 명제는 형식적 진리, 수학적-동어반복 담론으로 접근해 갈 수 있다. 만일 극단적 귀결에 이르는 견지를 취한다면, 자아들의 복수성은 사라진다. 즉 이것이 바로 형식적 진리가, 주체들 없는 복수적 유아론 pluralistic solipsism 으로 등장할 수 있는 이유이다. 이것이 유일한 방식은 아닐지라도, 형식 논리와 수학적 동어반복이 형성되는 하나의 방법론으로 간주(비트겐슈타인)될 수 있는 것은 진실이다.

형식주의로 귀결되는 방법론적 진행과정은, 자아가 유아론적 지점으로 환원되기 때문에, 명확하다는 점을 주의할 필요가 있다. 그러므로 의식된 것은 자아와 경험에 무관하게 "나타난다." 자아의 유아론적 환원은 의식된 것을 형식화할 수 있게 한다. 의식된 것이 동어반복적인 한에서, 다시 말해 의식된 것이 어떤 자아의 사유이건 아니건, 그리고 세계의 존재 여부에 관계없이(러셀), 신체(신체에 관한 후설적인 의미에서)의 존재 여부에 관계없이, 의식된 것이 진실로 보일 수 있는 이유이다.

이러한 관점에 따라, 이 엄밀학은 동어반복적 형태로 드러나고, 동어반복적 형태는 초월성의 제거로 나타난다. 그러나 '자아는 의식된 것을 의식한다'는 관계에서, 일단 초월성이 억제되면, 지향성 역시 억제된다. 그러므로 지향성과 관련하여 다음과 같은 점이 요구된다는 것을 잊어서는 안 된다. 형상을 보기 위해 지향성을 어떤 진리에 부여할 가능성을 필요로 할 뿐만 아니라, 형상적 진리의 실제적인 초월성을, 따라서 의식작용에 관계하는 의식된 것의 초월성을 요구한다.

그 관계는 자아와 의식된 것간의(또는 느낌과 느낌의 대상간의) 심연을 만들지 않으면서 초월적이어야 한다고 말할 수도 있을 것이다. 달리 표현하면, 그 관계는 내재적이면서 동시에 초월적이어야 한다는 것이다. 이러한 내재-초월성은 오직 시간성으로만 가능하다는 것을 후설이 생애 마지막 순간에 분명하게 보고 있다는 점은 매우 중요하다(C. 2, I, 11-12 참조).

만일 '자아는 의식된 것을 의식한다'의 기원성이 내부적이라면, 다른 방식으로 표현하면, 만일 이 명제가 분명하게 엄밀학으로서의 철학의 출발점이 된다면, 이는 동어반복적이고 형식적인 담론을 현상학적으로 설명할 수 있다. 하지만 형식주의의 자아가 유아론적이기 때문에 유아론이 진리라고 받아들여서는 안 된다. 사실 유아론은, 충분하게 진지한 형식주의 덕분에 방법론적 의미를 지닌다. 형식주의가 유아론적 환원을 활용할 수 있다는 것이, 유아론적 자아를——이 유아론적 자아는 방법의 계기인데——현실적 자아나 사유하는 자아로, 더군다나 구체적 모나드나 인격으로 변형해야 하는 것을 의미하진 않는다. 만일 유아론이 실제적인 것으로 간주된다면, '나'는 무로 변형되고, '나'는 존재의 응집된 단단함에 직면하지만, 이 존재는 '나'가 떠오르는 그 순간, 부서질 수밖에 없다는 점을 관찰할 수 있다: 그러니까, 사르트르의 경우, 본래적인 나 in itself는 단독적인 나 for itself에게 파괴당한다. 사르트르의 존재론과 형식주의간의 어떤 유사점을 강조할 만한 가치가 있을 것이다. 유사한 일이 하이데거에서도 또한 일어난다. 사람은 존재의 육화인데, 그러나 존재는 이제 자신의 드러남, 곧 인간을 파괴한다. 이러한 자기 파괴 안에서 인간은 존재에 복무한다. 환원 없이 단정된 형식주의에선 자아는 형식과 수학과 동어반복에 의해 파괴당한다. 기술 技術적인 수준에서, 만일 수학적 동어반복이 기술의 토대로 간주된다면, 인간은 기술을 위하여 자기를 파괴한다. 하이데거에선 인간이 존재를 위해 자기를 파괴하는 것처럼.

현실 물신주의 내에서 이루어지는 유아론적 '나' 또는 유아론적 복수주의(주체 없는, 비트겐슈타인 식의 유아론)의 변형은 사실상 화이트헤드가 "잘못 놓인 구체성"이라 부른 것의 극단적 양상이다. 방법론적 개념이 잘못 취해져 구체화된 현실은 결국 바로 '나'의 실존을 무화한다. 이것이 현 세계가 지닌 한 측면이다: 인간은 인간이 건설한 것에 의해 무화된다. 기술은 건설하는 자를 무화하게 된다. 인간은 도구가 됨으로써, 방법의 계기, 방법론적 연산 내의 한 연결고리가 됨으로써 스스로를 무화한다. 소외와 물신주의의 극단적 형태.

초월적 주관주의로의 경향이라고 후설이 명명한 것은 그에게 서양 철학에서 조정 coordination의 필요와 동일시되는 과제였다. 현대 철학이 무질서하고 [시대와] 관련 맺지 못하고 있음에 직면하여, 우리는 데카르트가 자기 시대의 문화적 상황과 과학적 상황에서 했던 것처럼 우리 자신을 발견한다. 이러한 상황은 다음의 질문으로 표현되는 근본적인 탐구를 지시한다: 참된 철학의 토대는 무엇인가? 첫 번째 대답이 해결책은 아니지만, 토대를 주체에 뿌리박은 명증성으로 간주하는 탐구의 관점이다. 초월적 현상학의 길은, 코기토로의 근본적인 귀환이 갖는 의미를 탐구하는 것으로 처음에는 나타난다(그러나 코기토가 최종적으로는 시간과 신체에 내재한 작업수행, 인식작용의 작업수행이라는 점을 잊어서는 결코 안 된다). 이 탐구는 데카르트적인 의미로는 성찰이지만, 데카르트주의는 근본적으로 변형된다. 후설에 따르면, 데카르트는 빠지기 쉬운 어떤 실수를 피할 수 없었다.

근본적인 시작이란, 우리 각자가 에포케 수행 이전에 받아들였던 확신을 놓아 버릴 때 자신 안에서 발견하게 되는 시작이다. 그러나 이것은 무엇보다 소위 과학적 "진리들"을 손에서 놓는 것을 의미한다. 우리가 엄밀학으로서의 철학을 추구하기 때문에 과학은 괄호 처진다. 엄밀학으로서의 철학은, 그러므로 데카르트가 생각하는 과학, 즉 기하학과 수리 물리학이 엄밀하다고 할 때와는 다른 의미 선상에 놓여 있다. 과학이 연역적 성격을 가져야 한다는 점은 데카르트에게 분명한 일이었다. 이런 뜻에서 코기토의 확실성은 데카르트에게 하나의 공리가 되고, 기하학에서의 공리와도 같은 역할을 데카르트 철학에서 수행한다. 데카르트가 과학에 관해 앞서-확립된 판단을 제시하고 있으며, 그의 철학이 구축되는 것은 이러한 판단에 순응하는 한에서라는 점은 분명하다. 그가 이해하지 못했던 것은, 근본적인 철학의 시작점에선 의심의 대상이 바로 그 수리적 과학이라는 사실이다. 후설은 과학에 관해 앞서-확립된 어떠한 판단도 받아들일 수 없으며, 또한 이런 까닭에 철학에 관해서도 역시 그렇다. 반면 그는 과학과 철학에 토대를 제공하는 요구사항을 포기하고자 하지 않는다. 새로운 성찰은 바로 이러한 요구사항에 의해 방향이 잡힌다: 이러한 요구사항은 성찰 중에 떠오르게 될 목적지를 향하고 있다.

과학이 엄밀학으로서의 철학이라는 생각을 제공하는 것이 아니라, 과학에서도 역시 목적지로 향하는 걸음이 진행중이라는 가정을 우리는 정식화할 수 있다. 그러한 목적지는 진정 토대가 될 것이다. 후설의 『성찰』의 세 번째 절에서 분명해지듯이, 과학이 엄밀한 철학에 토대를 두고 있다는 전제는——이때, 엄밀한 철학은 역설적이게도 자신을 토대로서 제시할 때에만 엄밀한 철학인데——하나의 이념으로서 [우리가] "살아내고" 나타나는 전제이다.

우리는 엄밀학으로서의 철학을 소유하고 있지 않지만, 그것에 대한 이념을 가지고 있으며, 사실 이것이 과학과 철학이 모두 향하고 있는 텔로스이다. 보통의 과학적 용어에서는 이 "어떤 이념을 가지고 있다"는 말은, 사실 어떤 가정의 토대로서 표현된다. 이렇게 해서 후설은 과학을 지도하는 이념의 봄 vision에 도달한다.

이러한 이념은 마르부르크 학파의 의미에서 단순히 "입법적 legislative"이기만 한 게 아니다. 왜냐하면 이 이념은 "보여지고" 본질로서 직관되거나, 보다 정확하게는, 본질로서 [우리가] 살아 내기 때문이다. 후설에 따르면, 과학 그 자체는 그 안에 함축적인 봄이 있기 때문에 살아간다. "가식"적인 봄은 지향성으로, 과학의 텔로스로 해소된다. 그러나 가식이 소유 안에서 고갈되고, 존재하는 과학이 그 이념을 실현했다고 스스로 확신할 때, 과학들과 철학 자체의 위기가 시작된다. 이러한 경우, 『위기』가 가르쳐주듯이, 우리는 철학적 지향성을 잃게 되고, 이 때문에 과학과 철학은 스스로를 파괴한다.

1958·8·19

아마도 꿈속에서는 살아낸 사건뿐만 아니라, 살아내지 않았던 사건과 살아낼 수도 있었을 사건들이 떠오른다. 분명 과거의 상황들이 떠오르는데, 이때 신비스럽게도 실제 일어났던 모든 상황들과 어쩌면 일어났을 가능성이 있었던 상황들이 합성된 모습으로 떠오르는 것이다.

우리의 인격성은 하나로 고정되어 정의된 '나'가 아니다: 역사적으로 실현된 '나'는, 그저 부분만이 실현된 가능성들의 무한한 세계가 유한하게 된 결과이다. 역사적 '나'는, 완전히 깨어있는 '나'로서, 사물들과 사실들과 우리의 결정들에 의해 부과되는 한계의 산물인 것이다. 꿈속에서는 일상의 사건들의 연속에 묶여 있는 '나'보다 훨씬 자유로운, 색다른 "우주 같은" '나'가 나타난다. 기각되고 실현되지 못했던 것이 다시 등장하고, 상이한 지향들이, 종종 실현되고 체험되었던 것과 정반대되는 모습으로 등장한다.

아낙사고라스[14]는 모든 유사한 부분 *homoeomery*이 자신 이외의 모든 종류의 유사한 부분을 담고 있다고 말했다. 즉 모든 유사한 부분은 무한하면서 또한 다른 무한한 유사한 부분들을 포함한다. 이러한 의미에서 그것은 우주 같다고 말할 수 있을 것이다. 현실화 actualization와 사실들이 생겨나는 것, 그리고 무한한 유사한 부분이 유한 속으로 실현되는 것은, 아낙사고라스에 따르면 모두 지성 때문이다. 그에게 지성은 충족이유율 principle of sufficient reason과 유사한 역할을 수행하며, 그래서 유사한 부분을 시간적 존재로 현실화한다. 다른 말로 하면, 우주를 닮은 '내'가 무한 안에서 산다는 사실이 '나' 스스로를 하나의 역사 속에서 구성하도록 강제하는 것이다. 이때 이 역사 안에서의 사건은 일단 발생하면 임의의

14. Anaxagoras(BC 500경~428경). 그리스의 자연철학자. 운동과 변화를 논박한 파르메니데스 이후, 자연철학자들은 파르메니데스가 제시한 존재의 조건을 충족시키면서도 현상의 변화를 설명할 수 있는 대안을 마련하는 과제에 착수했다. 엠페도클레스는 4원소를 설정하여 이러한 난점을 극복하려한 반면, 아낙사고라스는 무한개의 원소를 설정했다. 아낙사고라스는 살·뼈·껍질·잎사귀같이 생물체에서 나타나는 요소들도 실체로 보았다. 그렇지 않다면 어떻게 살이 살 아닌 것으로부터 생겨날 수 있겠는가라고 그는 반문한다. 엄청나게 많고 다양한 변화를 설명하기 위해 "어떤 사물에나 모든 사물의 일부, 즉 모든 종류의 원소가 들어있으나, 다만 각 사물은 그 속에 가장 많이 들어 있는 사물의 모습으로 나타난다"고 주장했다. homoeomery는 희랍어로 homoeo(유사한) + mery(부분), 즉 어떤 사물 안에는 그 사물과 유사한 부분이 또 들어있음을 나타내는 말이다.

상태로 조건지어진다. 이러한 의미에서 시간적인 역사는 발생과 같이 구성적인 것이다. 환상과 꿈은 [우리가] 살아냈던 것과는 다른 삶을 상상할 수 있으며, 우리는 이런 상상 속의 삶을 꿈속에서 견뎌내고 살아간다. 완전히 깨어있는 채로 살아가는 몸은 계속해서 나이를 먹어가고, 과거로 되돌아갈 수 없는 채 죽어가지만 말이다. 그러나 이러한 환상은 환상으로서, 비록 무의식적으로나마 우리의 인생에 영향을 미친다. 그러므로 우리의 오늘 삶은 지금까지의 현실적인 우리 모습에서만 영향을 받는 게 아니라, 지금까지의 모습이 아닌 것에 의해서, 지금까지 가능하지 않았던 모습과 우리가 원하지도 않았거나 될 수도 없었던 모습에 의해서도 영향을 받는 것이다.

지금까지 말한 것의 놀라운 결과는, [우리가] 살아내지 못했던 것이, 현실화되었던 역사적 삶의 비존재가, 존재하는 비존재 a non-being which is로서 현존한다는 것이다. 이것은 역사적으로 존재하지 않았던, 그리고 바로 이 때문에 단지 꿈과 환상과 이미지로만 현존했던 비존재이다. 결국 이미지는 다른 무엇보다도 역사적으로 존재하지 않았고 앞으로도 더 이상 존재할 수 없는 우리 모습들의 표현이다.

모든 자아가, 아낙사고라스의 유사한 부분처럼, 다른 자아들의 무한한 재현과 가능성을 자신 안에 가지고 있다면, 환상은 가능한 다른 자아들을 우리 안에서 표현한다. 우주를 닮은 자아는 가능성으로서 (배타적이지 않게) 스스로를 현존시킬 수 있다: 역사적 자아는 가능성이 한계지어진 것이다. 우리에게 일어났던 모든 실현 realization은, 어쩌면 우리가 살았을지도 모르는 다른 삶, 그리고 우리에게 비존재인 다른 삶을 향해 발화된 부정 a no이다.

지금 우리 자신의 모습이기 위해 버린 삶, 우리가 자유롭게 버린 삶뿐만 아니라, 버리도록 사실이 강요한 삶들이 또다른 **삶들** the other lives이며(후설의『다섯 번째 성찰』에서 타자와 낯선 자로서 나타나는 자아), 이 다른 삶은 우리 안에서는 비존재의 존재로 현존한다. 이러한 다른 삶을 과거에, 다른 역사적 시기에 [누군가] 살았다: 누군가는 현재에, 우리와는 다른 상황들 속에서 산다: 그들은 또 미래에 살게 된다. 이것은 우리의 인격성의 비존재의 존재가 현존함이며——또한 그러므로 우리 안에 있는 다른 인격성의 부정적 현존 negative presence이며——이로써 우리는 타인들을 이해할 수 있게 된다. 타인들은 따라서 우리가 자신의 개별화에 이르기 위해 거부했던 모습으로 현존할 수도 있다. 모든 이에게 있는 가능한 자아성 egoity의 우주성 cosmicity을 배경으로 모든 인격성은 표면으로 떠오른다.

개체화의 원리 *principium individuationis*는 다른 모든 인격성의 비존재와 우리 인격성의 사실적 실존간에 벌어지는 복잡한 놀이이다. 나에게 이러한 상황은『소피스트』의 변증법이 재탄생하는 것 같다. 이 단편은 자아에 관한 탐구와 상호-모나드성의 문제에 천착하는 것으로 자연스럽게 보인다(이것은 무엇보다도『실존과 표상 *Esistenza ed immagine*』에서 이미 제시되었고, 엘리엇 T. S. Eliot이 암시한 바 있다).

1958·8·22

오늘 밤 바다 저 멀리서 심한 폭풍우가 있었다. 지평선 근처로 번개가 계속되는 것을 볼 수 있었지만, 천둥이 여기까지는 미치지 못했다.

채 50미터가 떨어지지 않은 바다 쪽으로 창문을 열어놓고, 나는 침대에 누워 파도가 만들어내는 복잡한 다성음악을 귀기울여 듣고 있었다. 어떤 순간에는 저 멀리 어디선가 들려오는 노래를 듣고 있다고 생각하기도 했다. 누가 노래를 하고 있는가? 합창 같았다. 아주 높은 음역의 여자 목소리, 비밀에 가깝고도 기묘하게 감추어지긴 했지만. 파도 소리와 노래 소리를 구분하는 것은 가능한 일이 아니었다. 이는 마치 인간의 목소리가 자연의 소리로 되어가고 자연의 소리가 인간의 목소리로 되어 가는 것처럼, 나에게 불안감을 불러 일으켰다. 내가 생각하기엔 아마도 식당에서 나올 때 있었던 독일 사람들인 것 같다. 그들은 술을 마시고 있었다. 아마도 막 같이 노래하기 시작한 모양이다. 그 남자들은 부드럽게 노래하고 있다. 이 때문에 내가 여자들의 합창소리만 듣게 되는 모양이다. 잠시 후 나는 자리에서 일어났다. 호텔에는 침묵이 깔려 있었다. 식당은 텅 비고 어두웠다. 합창은 계속되고 있었다. 나는 주의를 집중해 노래를 들으며 그 소리를 분석해 보려 했다. 파도와 바람이 있었고, 밤 공기에 흩어지는 메아리는 계속해서 이어지는 반음계의 선율을 너무 크지 않게 반복해서 진동시켜 내고 있었다. 분명 순환되는 반복은 첼로에 맡겨진 것이었다. 하프의 바다로부터 분리되어 나온, 종류를 알 수 없는 트럼펫으로 오케스트라는 선명한 신호를 만들어 내었다. 신호, 또는 다음을 의미하는 것만 같은 초대: "여기에 머물러, 더 이상 찾지 말고, 더 나아가지도 마시오. 여기, 영원한 반복 안에, 평화와 기쁨과 평온이 있다. 여기 에서 사람이 자연이고 자연이 사람이다. 여기 더 이상 찾아 나서야 하는 것도, 이미지나 관념을 추구할 것도, 언제나 새로운 목적지 를 드러내는 목적지를 추구할 것도, 그 너머 저 멀리에서 언제나 한계가 나타나는 지평선을 추구할 것도 없다. 여기 더 이상 지향성 도 없고, 더 이상 삶도 없다." 파도는 분화되지 않는 동일한 형태 로, 반음계 테마의 순환을 점점 더 완화시켜 만들어내고, 이러한 파도 소리가 완벽하게 반복되는 가운데 놓인 평화. 그것은 사이렌 Sirens의 노래였다.

1958·8·23

이것은 진실이다: 지각은 다의적인 반면, 동일하지는 않다. 주체 와 객체간의 완전한 동일성으로 되돌아가는 것은 죽음이다. 그러 나 주체와 객체가 관념론과 실재론의 절대화된 용어는 아니다: 이 용어들은 시간의 변증법 속에, 영속 안에 그리고 출현 안에, 실존의 소비 속에 그리고 지향성——지향성은 고뇌일 뿐만 아니 라, 진리를 삶으로서 사랑하고, 삶을 진리로서 사랑하는 것인데 ——에 입각한 실존의 부활 속에 고유한 것이다. "지각의 다의성" (메를로-퐁티)으로 되돌아감을 뚜렷하지 않은 것, 무의식적인 것, 원시적인 것, 죽음으로의 되돌아감으로 해석하는 위험. 이것은

되돌아감의 문제도 아니며, 될 수도 없다(비가역성 때문에). 오히려 타자에게 나아감, 미래로 나아감의 문제이다: 시간과 진리.

사이렌의 감미로운 음악에는 과거와 미래 사이에 남겨진 구별이 없으며, 현재는 영원과 무 無 안으로 해소된다. 하지만 영원은 오직 이것이 시간 내에, 우리 뒤의 한계 없는 지평과 우리 앞의 한계 없는 지평 사이에, 또는 우리를 둘러싼 한계 없는 지평――이 안에서 지향성이 발견되어야 한다――과 핵 Kern 사이에 있기 때문에 영원하다. 지금까지 일어난 일은 여기에, 억누를 수 없이 우리 안에 현존한다. 지금까지 일어난 일은 우리가 이미 살아낸 것의 불가피한 측면이다. 미래는 변화와 구원과 재탄생의 가능성이다. 그리고 동시에 미래는 지금까지 살아온 사람이 우리에게 남겨준, 또한 우리가 앞으로 도착할 사람들에게 남겨줄 유산이다: *Sovenha vos de ma dolor.*

1958·8·27

쾌청한 오후. 남쪽으로는 페자로 갑 岬, 그리고는 더 멀리에는 코네로 산, 안코나 산. 북쪽으로는 체르비아 소나무 숲. 내 생각은 가로질러 라벤나에 가 닿는다. 남서쪽으로는 산마리노. 언덕이 되는 산들.

어렵고도 위험한 삶…: 말라테스타, 페데리코 다 몬테펠트로. 믿기 어려운 우르비노와 말라테스타 사원은 나를, 여기 아드리아해의 비밀스런 해안에서 보이는 나의 르네상스로 데려간다. 바다를 향한, 동방의 금빛 약속.

밤의 한복판에서, 고대 사탑의 바위에 와 부딪치는 파도들의 황량함이 주는 의미——아코나의 새로운 항구에서와 같이. 천 년간의, 우주의, 레오파르디의 노래가 마우솔레오 디 테오도리코에, 클라세의 성 아폴리네르의 그리스 정교의 세례당, 페데리코의 성, 이솟타의 사원, 로베레의 요새에 불현듯 내려와 모든 것을 중단시켰다. 하나의 "에포케," 즉 사물들을 형태로 변화시키는, 시 詩를 "형상들"로 변화시키는 하나의 판단중지.

1958·8·28

나는 바다를 마주하고 고독에 잠겨 달빛 아래에서 지금 쓰고 있다. 나를 둘러싼 이 리듬은 나의 것이다. 나는 이 리듬을 나에게 적대적인 어떤 것으로 느끼지 않는다; 아니, 이것은 저기에, 초험적이다.

빛은 너무 강하고 별들은 사라진다. 내 머리 저 위로 베가 성을 찾았지만, 시그너스 성운을 발견할 수 없다. 달에는 태양빛을 파랗게 산란시킬 공기가 없다. 헤어날 수 없는 암흑 속에서 아무것도 보이지 않는 상태. 색깔 없는 고독.

이리가 된 인간의 전설. 달빛은——태양의 거울인 달. 죽음이 삶의 거울이듯, 무 無가 존재의 거울이듯——마음 깊숙이 파고든다. 반사된 빛을 받아, 간질병 환자는 아무 희망 없이 굶주린 이리처럼 짖는다. 실존의 "이유"가 더 이상의 주저함 없이 날카롭게

비명을 지른다: 표현주의.

1958·9·10, 밀라노에서

나의 계획은 현상학을 통해 이탈리아 철학과 문학에 영향을 주고
자 하는 것이다. 이 계획은, 현상학적 사유의 전 역사를 고려의
대상으로 삼으면서 실존주의를 넘어설 관계적 현상학 relational
phenomenology이다. 중요한 점은 다음과 같다: 1904~05년 이후
후설이 이해했던 바와 같은 시간, 그리고 『다섯 번째 성찰』과 『위
기』에 나타난 바와 같은 관계. 시간에 관한 후설의 미출간 수고는
『존재와 시간』에 대한 대답이다. 이제 우리는 이 대답 없이는 더
앞으로 나아갈 수 없다. 긍정적인 실존주의는 관계주의로서의 현
상학으로 변형된다.

1958·9·12, 베네치아에서

스트라빈스키와 로뇨니(이 사람 덕분에 스트라빈스키를 알게 되
었다)와 대화. 12음계 음악과 스트라빈스키의 최근 작품들간의
관계에 관한 문제. 스트라빈스키는 『애가 *Lamentationes*』의 아이디
어가 어떻게 떠오르게 되었는지 우리에게 설명해준다.

1958·9·18

베네치아: 후설적 의미에서 현전화되는, 그리고 동시에 살아낸 지평을 보존하는 과거. 오늘과 어제간의 끊임없는 비교, 알려진 것이든 그렇지 않은 것이든 여기에서 일어났던 모든 것의 현존. 베네치아는 자신에게 던져진 모든 시선을 되돌려주면서, 우리에게 도달하는 알 수 없는 삶의 은밀한 메시지를 우리에게 전달하는 것만 같다. 이 은밀한 메시지가 거대한 궁전들의 돌 안에, 미로와도 같은 좁은 골목길에, 파도에 닳고닳은 문지방 위에 남아있다는 듯이.

　산칸치아노의 14세기 풍의 집에서 잔다. 내 방 아래로 운하가 마주하고 있다: 멀리서 들려오는 발걸음의 불규칙한 소리가 나로 하여금 더욱더 살아있는 침묵을 느끼게 한다("살아낸" 침묵). 창문 밖을 내다본다: 운하 오른쪽으로는 돌로 된 커다란 다리가 가로질러 놓여 있고, 왼쪽으로는 쇠로 된 작은 다리가 놓여 있다. 저 멀리 운하가 굽어있는 곳에서 노랫소리가 들려온다. 노의 리듬을 쫓는 옛 비가 悲歌이다. 마침내 과일과 채소를 잔뜩 실은 상업용 곤돌라가 도착한다. 곤돌라의 사공은 내 침묵의 지역을 가로질러 가는 동안 계속해서 노래한다. 그가 사라진 후에도, 나는 다른 모퉁이에서 잠시 동안 비가를 들을 수 있다. 노랫소리는 이윽고 어둠 속으로 사라지며, 풍파에 씻겨나간 돌에 흡수되고 시간의 흔적으로 스며들어가, 강물과 집들과 다리들과 하나가 된다.

1958·9·19

오늘 오후에는 "미학에 관한 심포지엄"에서 내가 강의를 할 차례가 되었다. 질송 Gilson이 한 발제에 대해, 그리고 특히 잉가르덴 Ingarden이 한 발제에 대한 레퍼런스를 작성했다. 질송은 일반적으로 판단은 비모순율을 따른다고 언급했다. 하지만 감성적 판단은 전통적 판단 모델에 관련해서 모순적이다. 이것을 이해하지 못하고, 질송은 논리적 판단과 사실적 경험간의, 논리적 증명——논리실증주의자들이 말하는 바와 같은——과 생활세계간의 관계에 관한 문제를 제기했다. 칼로제로 Calogero는 자신의 언어로 이 모두를 다루었는데, 감성적 판단은 이론적 동일성이 아니라 대화를 필요로 한다고 진술했다. 잉가르덴의 발제를 부분적으로 언급하면서 나는 논의를 후설의 지평 안으로 되돌리고자 노력했다. 감성적 경험은 동어반복이 아닌데, 왜냐하면 이것이 생활세계 내에 뿌리박고 있기 때문이며, 실제 신체의 문제를, 타자의 경험이란 문제를, 상호-모나드성 안에서 구성되는 세계에 관한 문제를 제기하기 때문이다(『다섯 번째 성찰』).

1958·9·26, 밀라노에서

스트라빈스키의 『애가』에서 받는 더욱더 생생한 인상. 그렇지만 오늘 저녁에는 쇤베르크의 『작품 37 현악 사중주』를 들었으며, 지금 글을 쓰고 있는 동안에는 3악장의 첫 부분이 표현 강도와 구성 형식의 적절한 조화로서 줄곧 떠오른다. 쇤베르크의 진정한 가치는 표현주의적 무질서를 조화의 확대로 변형해 냈다는 데에 있다고 나는 믿는다. 확대된 조화는 고뇌를 의사소통과 사랑을 위한 보다 넓은 터로 변모시키고자 한다.

1958·9·27

유아론과 표현주의. 큐비즘과 신고전주의의 "원형적인" 것을 표현주의의 "원형적인" 것과 혼동하지 않는 것.

클레 Klee: "어느 누구도 나를 삶 앞에서 붙잡을 수 없다. 나의 거처는 아직 태어나지 않은 이들의 사이에 있고, 또한 그만큼 죽은 이들 사이에 있기도 하다. 창조의 심장에 더욱 가깝게, 그러나 아직 충분히 가깝지 않다." 클레가 사용한 "창조"란 말은 플라톤의 "제작 *poiesis*"과 후설의 짝짓기를 생각나게 한다.

아도르노는 12음계 구조와 원자론적 기초를 주장하는 논리실증주의간의 관계를 강조했다. 그보다는, 어떤 감성적 경험의 의식은 이 경험이 도달할 수 없는 지평의 부분으로 스스로를 감각할 때, 열린 종합을 향한 지향적 경향성으로 스스로를 감각할 때, 의미를 갖는다. 목적론적 지향을 물신화하지 않으며 살아내는 유한과, 절대자를 내포하고자 하고 자기충족적이기를 원하는(따라서 비관계적인) 유한 사이의 차이. 우리의 상황: 부분적으로 한 측면에서만 우리를 실현한 것, 한편 독단론에 빠지지 않으며 부분 안에서 종합을 표현하고자 추구하는 것. 결국 이는 후설의『위기』

124

를 현대 예술에 적용하는 문제이다.

오늘 저녁 로뇨니와 함께 베베른 Webern의 칸타타 II를 스트라
빈스키의 것과 비교하기 위해 다시 들었다. 또한『결혼 *Noces*』을
들었다. 그리고는『애가』를 다시 생각한다. 최근의 스트라빈스키
는 중요하게 느껴진다: 그는 사람이 죽고 시간 안에서 다시 태어
나는 의미를 알고 있다.『애가』의 결론, 새롭게 하기 *innovatio*라는
주목할 만한 결론: "너는 하루를 마치 시작처럼 새롭게 하라
Innovas dies nostros sicut a principio."

1958·9·29

현존재 분석 *Daseinsanalyse*을 통해 빈스방어가 시도했던 것은『위
기』에 담긴 관점으로부터 뿐만 아니라『데카르트적 성찰』에 담긴
관점에 입각해 교정되어야 한다(나는『다섯 번째 성찰』의 과정을
생각하고 있다).

빈스방어에게 이것은 정신병리학적 세계들을 근본 구조라는
기초 위에 놓인 실존 양상들로 되돌리는 문제이다. 의사소통(후설
의 용어로는 상호-모나드성)을 가능케 하는 것은 최종적으로 이
러한 구조이다. 스토치 Storch는, 자신이 존재를 '타자를 향한 존재
being-for-the-others'라고 말했을 때, 이러한 방향을 따르고 있다.
보스 Boss의 에로스-세계 변증법을 고려해볼 수 있는 것은, 후설에
겐 세계가 에포케 수행(외재적인 마지막 에포케) 이후에 상호-모
나드성 내에서 구성된다라는 사실의 맥락에서이다.

빈스방어의 실존적 양상들은 유아론적 경험과 "이중" 경험에 강하게 연결되어 있다. "이중"의 진정한 의미는『데카르트적 성찰』의 마흔 네 번째 절에 명시되어 있다. 이 첫 부분에서 후설은 고유성의 영역 *Eigenheitsphäre*을 매우 적절하게 밝혀냈다. 새로운 에포케에서 나는 나 자신을 "자연주의적" 더불어-있음 *Mitsein*으로부터, 즉 타자와 함께 있는 존재——이를 스토치는 필수적인 현상학적 환원 없이 가정하는 듯한데——로부터 구별한다.

타자의, 제2의 자아의, 그러므로 빈스방어에서 "이중"적인 것의 진정한 의미는 바로 환원을 거쳐 밝혀져야 한다(『데카르트적 성찰』, 125쪽 참조). "이중"적인 것은 쉰 한 번째 절에서 후설이 명백하게 분석하고 있다: "이중"은 짝짓기이다——지향적 심리학에서의 근본 개념(『이념들 III』참조). "짝짓기 *Paarung*는 짝 *Paar*으로, 더 나아가 집단들과 다수성들이 될 자리배치 configuration이다——이것은 초월적 영역의 (그리고 동시에 지향적-심리학적 영역의) 보편적 현상이다." 이렇게 해서 짝짓기의, 그리고 더 나아가 (다른 집단과 변증법적 관계에 놓인) 집단들의 현상학이 가능하다.

짝에서, 원형적인 짝짓기에서, 창조적인 현존이, 생생한 현재 *lebendige Gegenwart*——이는 유아론에서는 결코 가능하지 않다(플라톤의『향연』, 그 다음『소피스트』의 변증법에서 계속되는 에로스의 변증법)——가 최종적으로 실현된다. 원형적인 것은 언제나 살아있으며, 언제나 현재적 *gegenwärtig*이다. 타자는 결코 자아와 동일시될 수 없다. 타자는 원형적인 지각에서 결코 완전하게 주어질 수 없다(프루스트는 알버틴 Albertine에게 자신의 소유물이 되길

원한다. 이렇게 해서 사르트르가 본 것처럼 주인-노예의 헤겔 변증법이 에로스에 진입한다). 타자가 나와 결코 동화될 수 없다는 것(그리고 이것의 역도 마찬가지로)이 자유를 보증한다. 에로스적인 소유, 어느 것이 타자와 에로스 안에서 동일시되는 것은 따라서 물신주의이며, 또한 짝짓기에서(그리고 집단과 이데올로기에서) 인격을 파괴하는 데에까지 나아간다.

후설에게서는 짝을 남-여 관계로 보는 분석이 등장하지 않는다. 그러므로 현상학은 독단론에 빠짐 없이 정신분석학의 역사를 재검토해야 한다.

『위기』와 관련하여: 과학과 기술 덕분에 진리를 소유하고 있다는 가식에서 문명의 위기가 도래하듯이, 짝짓기를 수행하면서 동일성과 완전한 사랑을 구현한다는 가식이 있을 때 위기가 생긴다. 집단적인 것의 현존재 분석, 역사의 정신병리학은 가능할 것임에 틀림없다. 현대 예술과 철학은 집단적인 정신병리학적 상황을 비난하지만, 동시에 이것을 넘어설 수 있는 방향을 지시한다. 연상에 따라, 음악과 관련한 아도르노의 분석에는 지향적 방향의 의미가, "텔로스"의 의미가 빠져 있다고 밖에는 말할 수 없다(아도르노는 결코 후설의 의미를 모두 이해한 것은 아니었다). 12음계 음악이 악마적인 것에 관여하고 스트라빈스키가 정신분열증에 관여한다는 것은 이렇게 이해되어야 한다: 의사가 질병에 관여해, 질병이 "표현"되도록 하는 것과 같다. 표현은, 벌써 키에르케고르에서 나타나듯, 진리의 해방이지, 죽음의 병으로의 몰락이 아니다. 죽음의 병은 극단적인 변증법적 경계이다: 그것의 지향적 의미는, 진리에 도달하기 위해 부정으로부터, 다른 수단이 없다면, 벗어나는 이행이다.

악마적인 것은, 오직 부정 the negative만이 구원에 도달한다는 가식이다; 즉, 선이 악의 기능이라는 확신. 대신에, 선에 기대지 않고는 악을 이해할 수 없으며, 이것은 정신병리학에 대해서도 참이다. 그러므로 우리 자신에게 묻는 것이 필요하다: 어떤 것이 노이로제가 도달하고자 하는 진리이며 긍정적인 텔로스인가? 어떤 것이 광기에마저 의미를 부여하는 선인가? 프루스트는 샤를뤼스 Charlus와 관련하여 이 점을 직관했다: "그런데 착란은 병적인 결점이 뒤덮인 전염된 애정이라 하겠다. 아무리 미친 언행에서도 애정은 여전히 정신이 들어 있다. 샤를뤼스 씨는, 죄를 지은 수부에게 배에서 사용하던 튼튼한 쇠고랑을 자기 수족에 채워 달라고 졸라대며, 또한 그런 수부를 곤장 치는 치도곤 治盜棍이나, 그 밖에 쥐피앙이 나에게 이야기한 바에 의하면, 선원에게 부탁해도 도저히 구할 수 없는 끔찍한 형구 —— 요즈음은 아무리 징벌이 가혹한 배에서도 그런 형구에 의한 고문은 폐지되었기 때문이다 —— 를 가져오라고 집요하게 요구하는 샤를뤼스 씨의 마음속에는 필요하다면 난폭한 행동에 의해서도 보여 주고 싶은 자신의 사나이다움, 그 남성적인 것에 대한 꿈이 있었던 것이며, 또 그의 중세적인 공상으로 장식된 십자가 처형이나 봉건적 고문이 숨겨진 색채화, 우리 눈에 직접 보이지는 않지만 그의 행위 속에 흘끗흘끗 반사되는 빛에 의하여 짐작할 수 있는 내적인 색채화가 있었다."15) (III, 840쪽) 무엇보다 아드리안 레버쿤 Adrian Leverkuhn의 고향에

15. 번역은 마르셀 프루스트, 『잃어버린 시간을 찾아서』 11권—'되찾은 시간', 김창석 옮김, 국일미디어, 1998, 214~215쪽에 따름.

마르셀 프루스트 Marcel Proust(1871~1922)

프랑스의 소설가. 자신의 삶을 '의식의 흐름' 기법을 통해 심리적·비유적으로 그린 작품『잃어버린 시간을 찾아서 *A la recherche du temps perdu*』로 널리 알려졌다. 프루스트의 소설은 순환구조를 갖고 있으며, 소설의 마지막을 장식하는 계시의 관점에서 고려되어야 한다. 작품의 화자는 시간을 되찾는 순간, "내 작품의 재료는 나 자신의 과거로 이루어져 있다는 것을 깨달았다"라고 말한다. 즉 작가는 사실들의 기본적인 통일성과 보편적인 의미가 드러나도록 사실들을 융합하고 변형시켜, 내적으로는 자신에게 작용하게 하고 외적으로는 인간 조건의 모든 측면에 작용하게 했다.

의해 재현된, 만 Mann의 『파우스트 박사』의 중세와 이를 비교해보자. 샤를뤼스의 남성성의 이상은 용감하고 귀족적이며 이상주의적인 생-루 Saint-Loup의 것과 유사하다(생-루는 1차 세계대전에서 사망했다). 남성성의 이상은 정상적인 사랑의 일탈이며, 위장한 모습으로 되돌아 온 거부된 선 善이다.

샤를뤼스는 여자이기에, 아니무스에 지배당한다. 아니무스-아니마 미궁 labyrinth은 프루스트의 전 작품을 특징짓는다. 그러나 이것은 집단의 의미로 되돌아가는 것이며, 고대의 신화가 아니라 집단과 대중의 병리학으로 되돌아가는 것이다. 집단적인 것은 추상이 아니라——만일 추상이라면, 에포케에 맡겨져야 하겠지만——"집단"의 변증법 안에서 살아간다. 『위기』는 [우리가] 살아내는 삶이 현상학으로 바뀌고 또한 그 역으로도 바뀔 가능성을 제시함에 틀림없다. 잘못 특징지어지고 물신화된 추상적 집단을 우리가 넘어설 수 있게 함에 틀림없다. 다시 한번, (샤를뤼스에 대한 이야기와 관련하여) 프루스트에서 지시점: "이리하여 이 세상 사물의 모습은 변하고, 이리하여 열국 列國의 중심도, 재산의 대장도, 지위의 헌장도, 하나같이 결정적인 것으로 여겨졌던 것이 끊임없이 수정되고, 그리고 사람은 사는 동안에 그 눈으로, 이제까지 완전히 불변한 것인 줄로 알았던 바로 거기에서 가장 큰 변화를 보게 된다."[16](III, 1019쪽)

집단의 병리학은, 살아가고 현존하는 인간의 병리학으로서, 병리에 관한 (후설이 "자연주의적"이라고 말했을) 학문의 방법을

16. 번역은 같은 책, 458~459쪽에 따름.

물신화한 것이 아니다. 이러한 관점에서, 병리학의 "자연주의"에 맞서 싸웠던 예전의 후설주의자들의 논쟁이 더욱더 중요해진다. 유사한 이유로 맑스는 경제학적 삶에서 물신화되지 않는 것을 포착하기 위해 (그릇된 학문인) 정치경제학의 "자연주의"에 맞서 싸웠다.

후설에게서 학문의 엄밀함은 정복된 현실이 아니라, 하나의 이념이자 텔로스라는 점을 아무리 반복해도 지나치지 않다: 엄밀함은 목적론적–지향적 진리이다. 논리실증주의자들이 이해한 바와 같은 학문은, 후설의 관점에서 보자면 물신주의이다. 아마도 후설 자신이 물신주의의 위험을 무릅썼을 것이다(후설이 자신을 생각할 때, 갈릴레오라는 상징적인 인물을 "보았을" 것이라고 나는 종종 상상한다). 그러나 사실 후설의 지향성은 절대로 갈릴레오의 어두운 이면이 아니었다. 후설의 "살아있는 역사"가 사료 편찬의 도식에 갇힌 역사나 물신화된 집합물의 역사가 아니라, 인간과 철학자의 삶의 역사이자, 역사적 시간성 *historische Zeitlichkeit* 안에 놓인 자아들과 집단들의 기초적 관계에 의해 구성된 살아있는 사회성인 것과 마찬가지이다(『위기』, 494쪽). 철학자는 지향성 안에서 살아가며, 이러한 의미에서 그의 현존재는 역사적 *geschichtlich* 이다(488쪽): 지향성으로, 타인들과 더불어 생생한 현재 안에서 그 자신을 개체화한다(489쪽). 명증성이 심오하게 삶과 결합되어 있는 것, 그리고 현상학이 진실로 명증성을 지닌 채 시작점과 방법과 목표를 발견하는 것은 바로 이러한 관점으로부터이다(브란트 Brand).

1958·10·30

어떻게 현상학을 가르칠 것인가? 어떻게 그리고 어떤 의미로 현상
학은 전달될 수 있는가? 확실히 수많은 접근이 가능하다. 그러나
아마도 보다 자주 사용된 방법은 묘사하도록 해보는 것이다. 1933
년에 『데카르트적 성찰』을 충분한 이해 없이 읽은 다음에 반피에
게 도움을 청했을 때, 그는 책의 내용에 관해서는 말하지 않았다.
그 사실이 중요하다. 현상학에서 책은 살아있으며 입으로 전해지
는 의사소통을 위한 수단이다. 씌어진 말은(플라톤의 『파이드로
스』에서 토트 Theuth의 신화), 새로운 담론을 생산하지 못하고 다
시 일깨워져서 현존하도록 되지 않으면, 나름의 부정적인 측면을
갖게 된다.

　반피는 매우 간단한 것을 말했다. 우리는 그와 함께 공부하는
팀에 있었다. "이 꽃병을 보고 있습니까? 당신이 정말로 보고 있는
것을 말하고 묘사해 보세요." 나는 그의 제안이 탐탁지 않았고,
대신에 철학의 전통적인 문제들을 제시했다. 이제는 반피가 무엇
을 말하고자 했는지 잘 알고 있으며 그것이 나에게 무엇을 의미하
는지 알고 있다.

　나는 그 꽃병은 원통형이라고 말할 수 있을 것이다. 그러나 사
실 "원통"이라는 용어는 매우 적절치 못한 것이다. 왜냐하면 그
용어는 내가 아는 어떤 과학, 그러나 방법론적 이유에서 사용해서
는 안 되는 과학에서 나온 것이기 때문이다. 꽃병을 자유롭게 "보
고" 일상 용어를 새롭게 하여 구사하도록 노력하는 것이 보다
나은 태도이다. 예를 들면, 꽃병의 표면은 중앙은 보다 나에게

가깝고, 반면 가장자리로 갈수록 점차 나에게서 멀어진다. 곡면이라는 생각을 불러일으키는 모양으로, 곡선을 띠며 양 끝이 나에게서 멀어진다. 그것이 나에게 어떻게 나타나는지, 꽃병이 자신을 나에게 어떻게 드러내는지를 내가 움직이며 살핀다면, 내가 한 생각이 확실하다고 간주할 수 있다. 그러나 꽃병은 단순히 형태만 지니고 있지 않다. 그것은 단단하고 색깔을 지니고 있다. 그것은 어떤 빛 내부에, 어떤 명암의 변화를 띠며 놓여 있다. 내가 가까이 간다면, 만질 수도 있다. 시각적인 감각은 촉각적인 감각과 특정한 관계에 놓여 있다. 나는 그것을 움직일 수도 있고 원래 자리로 되돌려 놓을 수도 있다. 그것은 나와 관계하면서 놓여 있다. 이러한 작업을 수행하기 위해서 나는 시간을 필요로 한다. 그것을 쳐다볼 시간, 그것을 만질 시간. 나는 이러한 시간을 중단해, 눈을 감고 만지는 것을 그만 둘 수도 있다. 하지만 내가 눈을 감는다면, 봄 vision의 일부분이 내 안에 남게 된다(남아 있는 이것이 과거지향 *retention*이다), 즉 눈을 떴을 때 다시 내가 발견할 수 있는 어떤 것 말이다. 나는 내가 보았던 것을 그것이 있던 자리에서 다시 발견한다. 그것이 움직이지 않았다고 나는 말한다. 만약 다른 장소에서 그것을 발견한다면, 나는 그것이 움직였다고 말한다. 눈을 감은 채 좀 더 가까이 다가가면 눈을 뜬 위치에서 그 꽃병을 다시 발견하게 된다. 비록 이전에 그 위치에서 꽃병을 본 적이 없다고 하더라도 말이다. 이것은 다음을 전제한다. 즉 내가 지금 꽃병을 바라보고 있는 쪽의 반대쪽에서, 지금까지 한 번도 보지 못했던 쪽에서 바라본다 해도, 꽃병은 어떤 특정한 방식으로 나에게 현존할 것이다. 나는 기다리고 있다. 나는 기다림의 시간 안에 놓여 있다(미래지향 *protention* 안에). 꽃병이 내가 생각한 그런 모습이 아닐 수도 있다. 그렇게 되면, 나는 내가 기대했던 것을 보지 못했음을, 꽃병이 어떠하게 놓여있다는 나의 가정이 확인되지 않음을 알게 된다. 얼마나 많은 요인들이 이 안에 관계되어 있는가! 내가 언급한 것들은 정말 그저 몇 가지에 불과하다. 사실 관계된 것은 내가 현실을 경험하는 방식, 사물에 대한 나의 체험 *Erlebnis*, 사물들이 자신을 나에게 주는 방식, 어떻게 사물이 스스로를 나에게 주는가 하는 것이다. 현상학은 이렇게 줌 giving의 양상들의 학문이며, "어떻게"에 관한 학문이다. 현상학은 내가 어떻게 사물과 세계를 "구성하는가"를 볼 수 있게 한다. 하지만 여기에서 멈추지 않는다. 나는 나의 지각을, 나의 감정을, 나의 몸을, 사물의 불가침성과 물질성을, 살아있는 신체의 고유성을, 이 신체들의 작업수행들 그리고 이러한—— 문화적이고 사회적인 작업수행을 포함한—— 작업수행의 역사가 가지는 고유성을 경험한다.

표면이 색깔과 관계하면서 놓여 있고, 한 사물이 다른 사물들로 둘러싸여 "환경지워진다"는 것이 직접적으로는 나에게, 그리고는 나와 타인들에게 무엇을 의미하는지를 나는 배운다. 어떤 사물이 [다른 것의] 결과가 되며, 어떤 유기체가 조건지어지며, 인간이 다양한 동기부여에 따라 행동할 수 있는 것이 무엇을 의미하는지를 배운다. 환상이라고 불러야 하는 것과 현실적인 것을 나는 구분한다. 단계적으로 나의 경험을 정정하는 것을 배우며, 경험들이 어떻게 서로에게 맞추어가며 조화에 이르기 위해 변화하는지를 보는 것을 배운다. 나는 존재자와 비존재자를 의식하며, 가능한 것과 불가능한 것을 의식한다. 사물들이 종종 내가 생각했던 것과 같지 않다는 사실을 나는 경험한다. 이 사물들을 잘 보고, 잘 "살아내고," 가능한 한 망각에 내맡기지 않으며 묘사할 때, 나는 계속해서 내 인상들을 정정하게 되고, 조건 없이 사물들을 믿지 않으며, 내 기억 안에서 이 사물들을 다시 살아내면서 이들을 보게 된다. 일어나지 않았던 일을 기다리는 것조차 나에 대해서, 내 안에서 구성되는 것에 대해서, 내 모든 경험들과 체험들이 일치되거나 또는 조화가 결여되는 것에 대해서 의미를 갖는다(삶의 음악: 화이트헤드, 조이스, 프루스트).

어떤 것도 다른 것과 분리되어 있지 않다. 그것들간의 관계나 만남의 양태가 매우 다르긴 하겠지만. 매 사물에 있어 나는, 비록 일시적인 명확성을 가지고 있을 뿐이어서 늘 정정해나가겠지만, "형상"이나 특성 또는 직접제시의 양태, 자기 나름의 단일성을 가진 형상을 묘사할 수 있다. 이러한 단일성은 **전형적**이며, 다른 사물에서 이것을 다시 발견하게 된다. 이 꽃의 색깔은, 같은 종의 모든 꽃에 의해서, 어떤 형태와 어떤 향기와 결합되어 나에게 주어진다. 이 꽃 모두가 어떤 형상, 동일한 본질을 가지고 있다는 바로 그 이유 때문에 나는 꽃을 꽃으로서 인식한다.

모든 개별적인 사물들은, 망각과 교정에도 불구하고, 영속적인 본질, 어떤 스타일을 가지고 있다. 비록 그 개체성 안에서 사물들이 스스로를 반복하지는 않지만 말이다(어떤 꽃도 동일한 꽃이 아니며, 어떤 경험도 동일한 경험이 아니다). 나, 그리고 현존하는 모든 개체는 개체로서 존재하며, 반복될 수 없고, **이번 한 번만** 살아간다(그리고 이러한 의미에서 우리는 영원하다). 그러나 유사한 개체들은 자신 고유의 현존을 가지며, 다양한 본질들은 ──

영속적이건 갑작스러운 것이건, 오래되었건 새로운 것이건──서로가 서로에게 모두 모두 연결되어 있으며, 과거와 현재와 미래에 존재하는 타인들 안에 내가 있듯이 내 안에 모든 것과도 연결되어 있다.

현상학은 본질의 영속성에 관한 학문이며, 이러한 영속성의 변형태들의 양상에 관한 학문이다. 현상학은 삶의 스타일에 관한 학문이다. 또한 스타일과 마찬가지로, 내 경험의 흐름 안에서, 내 주관성 안에서, 타인의 주관성 안에서 드러나는 모든 것을 끊임없이 그리고 새롭게 묘사하는 가운데 스스로를 조절한다. 현상학은 최초의 드러남에 관한, 원형적인 드러남에 관한 학문이다: **현상**에 관한, 드러남 *fansis*에 관한 학문.

매 경험은 모든 다른 경험과 관계되어 있으며, 이들 사이의 상호관계는 반복해서 항상 탐구되고 증명되어야 한다. 어떠한 완전하고 절대적인 것도 나에게 주어지지 않는다: 그것은 이상적인 한계이다. 사물들간의 관계, 가장 가까이 있는 사물과 가장 멀리 있는 사물들간의 관계는 보편적 상호관계를 향해 나아가며, 나와 타인 안에서 이루어지는 세계 구성에 언제나 의미를 부여하는 목표로 나아간다. 그것은 모든 주체들간의, 모든 모나드들간의 관계이다(따라서 나의, 타인들의, 세계의 진리). 내가 명확하게 밝히고자 하는 것, 합리적인 것으로 밝히고자 하는 것은 이러한 합일을 겨냥하는 행동이다(각기 자신의 모든 양태에 놓인 인식적 행동, 과학적 행동, 노동과 기술적 행동). 내가 원하는 바는, 그것에 빛을 비추고, 현상으로서, 언제나 생성하는 *in fieri*[17] 세계의 의미와 이유로서 그것을 실현하는 것이다. 이러한 의지──이것이 이성인데

——와 이러한 삶——이것이 진리이다——이 나의 모든 경험 안에서 스스로를 큰소리로 알린다.

꽃병을 묘사하는 일은 세계의 의미를, 내 삶의 의미를, 모든 이들의 삶의 의미를 담고 있다. 이러한 의미들을 [우리가] 다시 살아내야 하고 단계적으로 실현해야 하며 무한한 텔로스에 따라 구성해야 하는 진리로서 가지고 있는 것이다. 무한한 텔로스, 그러나 내 경험들을 검토하고 하나의 현상으로 바꾸어낼 수 있는 시간을 갖는다면, 나의 매 경험에 잠재적으로 현존하는 텔로스. 스스로를 드러내는 대로 내가 보는 무엇, 명증한 무엇은 나에게 일종의 선물을 기꺼이 준다. 그것을 받도록 나는 준비할 수 있으며, 준비해야만 한다. 이 선물은, 항상 새로워지며 항상 새로워질 수 있는, 내 삶의 의미이며 타인의 삶의 의미이며 이 세계의 삶의 의미이다.

진리는 지금 여기에(명증성 안에, 현존 안에), 가까이 아니라 더욱 더 가까이에 있다. 모든 사실 안에, 심지어 그 중 가장 비참한 것 안에도 있다. 여기, 무언가로 싸여 감추어진 채로 [그러나 자신을 드러낼] 잠재적인 모습을 하고 있다. 한계지어 있지만 그러나 현존해 있다. 유한하지만 무한한 과제를 지시하고 있다. 나, 나 자신은 피로와 실수의 모든 계기에서 결코 현존으로서의 나 자신을 부정할 순 없다. 어떤 부정성, 어떤 슬픔, 어떤 악이 악한 것은, 이것이 좋음 the good을 전제하기 때문이다. 우리가 인식하고자 원하기만 한다면, 우리 모두가 지니게 되는 좋은 것, 어떤 이도

---

17. 라틴어 fieri는 영어 become과 유사한 뜻을 갖는 원형 형태로, in fieri는 '생성[되어감]의 상태에 있는' 정도로 번역될 수 있겠다.

구입할 수는 없는 좋은 것 말이다. 이것은 하나의 상품 a good으로, 물신화된 대상으로 환원될 수도 없으며 환원되어서는 결코 안 된다. 그것은 우리가 선물로 받아들일 때, 그저 살아갈 수 있는 좋은 것이다.

1959·1·12

후설의 텍스트를 계속해서 연구. 강의록. 강의록을 기록하고 있으며, 나중에 에세이로 바꾸어 이미 쓴 것과 합하여 책으로 내고자 한다. 줄곧 시간과 진리간의 관계라는 주제를 염두에 두고 있다.

1959·3·12, 파두아에서

후설의 시대. 가린 Garin과 중요한 토론을 했으며, 그는 현상학의 문제를 역사적으로 제시해 주었다. 대중에게 우리의 생각을 설명하는 일이 그다지 성공적일 것 같지 않다고 우리는 느끼고 있다. 대중에게 현상학은, 그저 우리가 이미 가지고 있는 확신을 논쟁적으로 다시 한번 진술하는 기회일 뿐이다. 가린, 프리니 Prini 그리고 나의 강의록이 다음의 제목으로 출간될 것이다. 『현상학과 실존주의의 비교 Bilancio della fenomenologia e dell'esistenzialismo』.

1959·4·10, 밀라노에서

거비치 Aron Gurwitch가 후설에 관한 컨퍼런스를 위해 여기 밀라노에 왔다. 리투아니아 출신으로, 그는 독일에서 뒤늦게 후설의 제자가 되었다. 그는 1933년부터 1940년까지 프랑스에서 살면서, 프랑스에서 현상학이 확산되는 데에 우리가 생각하는 것보다 더 많은 공헌을 했다. 이후에는 미국에서 활동했으며, 하버드를 거쳐 지금은 브란데에 있다. 거비치는 젊은이들과 후설에 관해 이야기하면서 행복한 표정을 하고 있었다. 그는 현상학이 도처에서 부딪쳤던 어려움을 상기했다. 프랑스에서는 아무런 어려움이 없었다고 말했다. 후설에 관한 그의 개인적인 기억들.

1959·5·6

현상학에서 사용되는 "삶"이라는 단어. 현상학자가 아니라면 이 단어에서 "생기론적인" 기질을 감지하기 쉽다. 그런 사람에게 그것은 삶의 의미에 관한 문제이며, 삶의 지향적 의미에 관한, 삶의 본질적인 진리에 관한 문제라고 설명한다면, 그는 현상학이 관념론이라고 말하려들 것이다. 또 만일 후설에게서 주체는 어떤 것도 만들지 않으며, 일반적으로 현상학은 어떤 것도 만들지 않는다고, 그래서 우리 각자는 자신의 영혼과 몸이므로, "살다"라는 동사는 우리 각자가 지각의 양태들 속에서 세계를 어떻게 살아가는가를 경험하는 것을 의미한다고 설명한다면, 그는 아마도 현상학은 심리주의라고 말하려고 할 것이다. 만일 주체는 어떤 신화론적인 창조물이 아니라, 뼈와 살을 가진 현실적인 주체라는 말을 그가 듣는다면, 그는 현상학이 실재론이라고 말할 것이다. 자, 현상학을 특징짓는 것은, 현상학이 관념론과 심리주의와 실재론의 문제들을 전유하긴 하지만, 반면 현상학이 이러한 정식들 또는 그 총합으로 환원가능하다고 주장할 수는 없다는 점이다.

1959·6·4

삶이 아니라, 그저 견디기나 하는 삶 또는 [현상학적] 환원 이전의 삶이 아니라, 삶의 의미. 매일 이 의미는 상실되며 따라서 회복되어야 한다. 단지 주의와 반성이 부족해서 잃어버리는 것이 아니다. 어리석은 싸움들과 타협 그리고 "나쁜 신념" 속에서 우리가 결정적인 일이라고 믿는 자잘한 과제들 한복판 안에서 상실된다. 끊임없이 다시 찾아냄. 실수를 태워버리고자 하는 어떤 열정이 있다. 위선이 촉발하는, 일상의 환각에 대항하는, 사물과 사상을 소유하려는 욕구에 대항하는 반역의 의미. 지루함, 피로. 진리의 지향적 의미가 우리의 몸짓에 생기를 불어넣지 않는다면, 피로는 몸짓을 소비해버린다. 야망은 본성상 지루한 것이다. 하늘은 무관심하며, 나무들은 [서로 구별이 불가능한] 비슷한 형태가 되고, 만물은 자신의 표현을 잃어버린다. 그때 거부의 의미가 등장한다. 새로운 색깔들이 솟아오르도록, 사물들이 살아가도록 ──이러한 것들을 진정한 감각 안에서, 진정한 지각 안에서, 로고스의 표현 안에서

140

변형해가면서——허용할 수 있는 행위의 필요가 등장한다.

1959·7·3

상호-모나드 사회에서 첫 번째 "핵"으로서, 타인이 모성애의 당신 maternal thou을 대체할 때 짝짓기는 구성된다. 프루스트는 어머니를 질베르트, 오리안느와 알베르틴으로 대신했고, 마지막에는 문학작품으로 타인의 우상숭배를 넘어섰다. 맨 밑바닥에는 언제나 최종적으로, 과거로부터 등장하여 지속되는 나-당신이 되는 관계가 있고, 그리고는 우리라는 관계가 있다. 이 관계 안에서 객관적 자연과 사회가 모든 이들을 향해 구성된다(프루스트에게선 예술로서 모두에게 유효한 문학작품이다).

만일 내가 일인칭으로 말할 수 있다면, 그것은 바로 내가 항상 이인칭의 어떤 사람을, 또는 바로 나 자신인 이인칭의 사람을 생각하고, 시간 안에서는 나 역시 나 자신에게는 그러한 '너 *thou*'를 생각하기 때문이다. 이렇듯 서로 관계하는 핵으로부터 타인들이 탄생한다: 그, 우리, 당신. "인칭"의 문제는 또한 논리학에서도 근본적이다. 논리학은 삼인칭의 시점으로 말하며, 따라서 생활세계로부터 뻗어져 나온 자신의 발생 기원을 망각한다. 후설이 논리학의 계보학의 문제를 제기하는 것은 바로 이러한 이유에서이며, 이것이 『경험과 판단』에서——덧붙이자면 『형식 논리학과 초월 논리학』은 이 책의 서론 역할을 하도록 의도되었다——다루어지는 문제이다.

관계를 배제한 원자론과 관념론 모두를 진정으로 극복하는, 짝짓기로서, 나-당신. 명증은 시간 내에 현존이다. 그러나 대신에 만일 현존이 과거와 미래에 연결되지 않고 기억과 기다림에 연결되지 않는다면, 현존은 동떨어지고 따라서 무의 현존이 된다. 나의 일인칭이 시간상에서 계속됨은 과거의 짝짓기에서 나와 미래와 목적론의 짝짓기로 나아가는 관계이며, 그러면 미래의 짝짓기는 나의 역사, 타인의 역사뿐만 아니라, 공동체의 역사, 인간성의 역사를 위한 의미를 갖는다. 따라서 짝짓기의 문제는 또한 역사의 의미를 위해 근본적이며, 이때 역사는 "물신화된" 역사가 아니라 소외되지 않은 역사이며, 사실들이라는 기원에서 항상 살아있는 사람들을 재발견하는 역사이다.

1959·10·8

오늘 『후설에게 바침 *Omaggio a Husserl*』에 포함될 에세이를 사지아토레 출판사에 넘겼다. 이탈리아에서 현상학이 다시 태어날 것을 확신하는 최초의 행위. 『나, 세계와 시간』의 번역본이 브란트의 번역으로 나올 것이고, 『위기』의 번역본도 곧 나오기로 되어있다. 그러나 기존의 어구와 상투적인 문구를 좋아하는 사람들에게 후설을 이해하게 하는 일은 어려울 것이다.

1959·11·12

내가 살아내는 것, 내가 "경험"하는 것은 살아낸 것들, 체험들이다. 체험이란 내가 일인칭의 시점에서 분명한 경험을 가지고 있는 그러한 것이다. 그것은 사실, 내가 경험을 가지고 있음을 의미한다. 내가 보는 것들을 살아내고, 내가 만지고, 내가 듣는 것, 등등. 제임스 조이스의 『율리시스』의 주인공은 체험들이다. 그것들은 조이스의 등장인물들—등장인물의 삶, 작가인 조이스의 삶, 독자인 나의 삶이다. 체험들은 조이스의 시간 의식의 내적 흐름 내에, 그의 등장인물에 표현된 의식 흐름 내에, 나의 의식 흐름 내에 놓여 있다. 의식의 흐름(조이스), 체험의 흐름 *Erlebnisstrom*(후설)은 내 안에서 연속적으로 흐른다. 나는 의식의 흐름 안에서 만물을 살아간다. 나는 내가 의식하는 감각과 지각을 인과적으로 살아가는 것이 아니다(내 안에는 의식하지 않는 것 또한 살아간다——의식하는 것에 포함된 채로, 그러나 잠자는 물질 세계인 배경이 되는 두 번째, 세 번째 층위에 포함되어). 하나 안에 다른 하나가 있고, 하나 옆에 다른 하나가 있고, 하나 다음에 다른 하나가 있다. 이것들은 나름의 시간적 순서에 따라 있으며, 다른 순서로 있는 것이 아니다. 과거의 지각들은, 이제 막 통과하는 현재의 지각들과 마찬가지로, 자신의 "위치"를 갖는다. 지각들은 단 한 번 발생하는 방식으로 일어난다. 지각들이 일회성 *Einmaligkeit*을 갖는다고 후설은 말한다. 지각은 반복되지 않는다. 비가역적이기 때문에 지각들은 개체화된다(개체성과 시간성 사이의 필연적 연관). 내가 피아노에 앉아 A음 하나를 듣는다. 내가 이것을 들을 수 있는 시간이

143

필요하다. A음이 한 번 울린다. A음으로 개체화된 것이다. 잠깐 동안의 고요. 다른 음들. 나는 A음을 다시 듣는다. 같은 음이 반복되었다고 나는 말한다. 사실 이것은 또다른 A음이지, 내가 전에 들었던 음이 아니다. 하지만 이것은 또한 두 **번째**로 울린 A이기도 하다. 두 번째 A가 또한 개체화된 것이다. 두 음은 공통의 본질을 가지고 있음을 나는 깨닫는다. 내가 두 번째를 듣기 이전에 이미 첫 번째는 이것을 가지고 있었다. 얼마나 이상한 일인가: 개체는, 자신을 특징짓는 것(A음이 되도록) 안에서, 자신의 개체적 본질 안에서, 그 본질을 다른 개체와 나누어 갖는 그러한 것이다. 이것이 바로 내가 **공통적 본질**을 말하는 이유이다. 보다 정확하게, 다음과 같이 말해야 한다: **전형적 본질** typical essence.

개체적인 것은 시간상에서 비가역적인 위치에 개체적인 상태로 남아있다. 먼저의 A는 먼저 번의 것이지, 지금의 것은 아니다. 그러나 매번 비가역적인 위치에서, 매 일회성 내에서, 개체와 그 종 種의 모든 개체에 공통적인 전형적인 본질이 바로 현존한다. 현상학은 전형적이며 개체적인 각 본질들을 조사하고 묘사하는 것이다. 개체들이 상이한 본질을 가지고 있다 하더라도, 모든 개체들의 본질은 연결되어 있다. A음만 본질을 갖는 것이 아니라, 건반의 흰색도 본질을 가지고 있다. 그리고 흰색은 색깔로서 표면과 연결되어 있고, 또 이것은 고체에 연결되어 있고, 다시 등등. 그러므로 개체가 이러한 것이기 때문에, 즉 개체가 각자 시간상에서 반복되지 않는(또는 자주 후설이 말하는 바대로, "절대적인") 위치를 갖기 때문에, 각 개체 안에는 본질들간의 **보편적 상호관계**가 내재한다. 따라서 체험의 흐름은 개체적인 것과 본질적인 것

제임스 조이스 James Joyce(1882~1941)

아일랜드의 소설가.『율리시스』와『피네건의 경야 經夜』와 같은 장편소
설에서 실험적인 언어사용과 새로운 문학양식을 개척한 것으로 유명하
다. 1904년 아일랜드를 떠난 후 트리에스테, 파리, 취리히에서 여생을
보냈다. 그는 가난과 질병, 그리고 판금과 같은 악조건 속에서 작품 활동
을 계속했다.『율리시스』는 이른바 '의식의 흐름' 및 '내면의 독백' 수법을
종횡무진으로 구사한, 1904년 6월 16일의 아침부터 한밤중까지의 더블린
의 모든 상황을 묘사한 20세기 최대의 실험소설이다. 이야기 구성은 호메
로스의『오디세이아』의 형식을 빌려 그리스 영웅담에 나오는 인물과 그
에피소드가 등장인물 한 사람 한 사람, 또는 에피소드와 비교되어 있다.
여기서 '의식의 흐름' 기법이란, 개인의 의식에 떠올라 그의 이성적 사고
의 흐름에 병행하여 의식의 일부를 이루는 시각적·청각적·물리적·연상
적·잠재의식적인 수많은 인상의 흐름을 표현하기 위한 기법을 말한다.

모두를 필연적인 연관 내에서 가능케 한다.

1960·1·21

모든 분야, 심지어 예술과 회화에서 진리의 지향적 의미 meaning, sense(이것은 예술의 "합리성"이다). 세잔느의 에포케: "우리는 우리가 본 것의 이미지를 표현해야 한다. 우리 앞에 놓여 있는 모든 것을 잊으면서"(베르나르 E. Bernard에게 보내는 편지, 1905년 10월 23일). 세계 구성 constitution. 세잔느의 용어에 따르면: 구성 construction. 진정한 구성은 "저 앞에 놓인 모든 것"을 괄호 칠 때에만 가능하다. 삶이 끝나는 순간까지. 그는 죽기 전 아흐레 동안 아들에게 이렇게 글로 남겼다: "유화 油畫만이 나에게 평온을 준다. 나는 작업하고 계속 나아가야 한다. 스케치를 하고 캔버스에 그림을 그려야 한다…: 내가 그림을 그릴 수 있는 것이라면, 삶으로부터 오직 그림은 구성될 수만 있는 것이다"(1906년 10월 13일). 이 진리는 세속적 의미에서 말하는 세계의 실재가 아니다. 세잔느는 이러한 의미의 세계를 "잊는다." 화가인 그에게 세계의 진리는 재생산되고 모방되는 어떤 것이 아니다. 그의 세계는 자신이 현상학적으로 경험한 그런 것이며, 그의 안에서 스스로를 구성한 무엇이다. 그는 생활세계의 전형적이고 "과학적인" 구조로부터 세계를 그린다. 개체에는 항상 전형적인 것이 있다는 현상학적 원리에 근거해 자신의 세계를 그린다. 그의 선물을 받아들일 수 있는 용기를 가진 모든 이들에게 유효한 진리, 곧 본질과 로고스를 그가 포착할 수 있었던 것은 그의 에포케라는 급진적인 의지 덕택이었다.

　현상학적 미학을 위해서: 예술에서의 형상. 시각적일 뿐만 아니라, 촉각적이고 청각적이며 운동감각적인 형상. 이미지와 지각들의 변형태들. 환영들 phantasm과 실재 사물들. [가능성의] 추정과 현실화. 감성적 충만 *Erfüllung*. 초월적 미학.

1960 · 2 · 4

신과 인간 사이에 이루어진 성서의 계약에서 기초가 되는 한 구절이 있다: "다음을 분명히 해두어라," 신은 말한다, "나는 유일한 창조자이다. 내가 —— 너희가 아니라 —— 너희를 창조했다. 이에 관해서 나는 질투하는 신이다." 이러한 생각이 어디에서 유래되었을까? 현상학적 분석에 입각해, 나는 두 가지 설명 방법을 찾는다. 하나는 아버지를 신에 투사했다는 것이다. 아이는 어른 man이 되기 위해 아버지에 대항해 반란을 일으켜야 한다. 이것이 오이디푸스 콤플렉스라는 설명 방법, 프로이트의 설명 방법이다. 명백하게 투사는 금지와 질투로 나타나는데, 금지란 극복되어야만 하기 때문이다. 인간은 금지를 어기면서 "남성다워"진다. 만일 아버지가 신이라면, 인간은 인간다움의 최대치에 도달하고 마침내 신이 된다. 이러한 입장은 단순하다. 사실 아버지는 항상 신격화된다. 아버지의 교체는 영웅적인 일이다: 아이는 신 아니면 악마가 된다. 아버지의 신격화가 중단되는 바로 그때, 인간으로서 성숙해지는 지점에 도달한다. 만일 아버지가 인간 man이 된다면, 아이 또한 인간[어른; man]이 된다. 사실 아이가 새로운 아이의 아버지가 되었을 때, 보통 이런 일이 발생한다. 자신의 아이와 대면했을 때, 아버지가 된 아이는 자신의 아버지와 화해한다. 이제 그는 그렇게 할 수 있는 것이다. 이제 신격화되는 것은 그 자신이다.

두 번째 설명 방법. 나는 아이를 갖기 위해서 생식력을 갖는 성적 性的 행위를 하는 것은 아니다. 성적 행위에 관한 일인칭의 내 경험과 타인의 경험에서 나는 내가 아이를 생산하는 일을 하고 있다고 느끼지 않으며, "생명을 낳는" 일인칭 시점의 경험을 갖는 것이 아니다. 성적 명증성은 내 안에 있는 타인의 명증성이며, 타인 안에 있는 내 자신의 명증성이다. 그것은 아직 거기에 있지 않은 아이의 명증성일 리가 없다. 그 결과가 아이를 생산하는 일인지는 나중에서야 알게 된다고 후설은 보았다. 그러나 나는 이렇게 자문할 수 있다: "어떻게 그런 일이 생기지?" 현상학적으로 이 "어떻게"는 주체에 의해 경험되어야만 하는 것이다. 그러나 이 주체는 번식을 좇으며 자신의 탄생을 시작하는 그런 주체이다. 그것은 나 자신이 아닌 내 아이이거나, 아니면 나 자신이기는 하지만 나 자신의 탄생이라는 행위 속에 있는 나 자신인 것이다. 여기 어떤 분리가 있다. 성적 행위가 끝맺자마자 바로 시작되는 분리가. 여자 역시 나로부터 그녀 스스로를 소외시킨다. 그녀 자신 안에 나와 관련하여 그녀가 가지고 있는 것은 여전히 나의 것이기는 하지만 '나'는 아니다.

사랑을 시작하는 순간에 나는 나 자신을 그녀에게 투사했다: 그녀는 "내 삶"이 된다. 바로 이것 때문에 나는 그녀를 소유해야만

한다: "내 삶을 회복"하기 위해. 하지만 "내 삶"은 나에게 되돌아오는 대신에 구체적으로 또다른 삶이 된다. 이것은 어떻게 우리가 또다른 주체가 됨으로서 부모가 되는가를 나타낸다. 그러나 또한 이것은 어떻게 우리가 아이인가를 나타내기도 한다: 우리는 우리의 역사를, 우리가 가진 주관성의 역사를 발생론적으로 시작한다. 생산하고 출생하는 것은 내가 갖는, 하나의 주체로서 내가 갖는, 그러나 내가 이해할 수는 없는 두 가지 작업수행이다. 생산이 사실상 기원하는 성적 행위를 뒤쫓는 분리에서 첫 번째는 내 이해를 피해간다. 출생이라는 두 번째 작업수행은 오직 다른 사람들만이 나에게 그것이 나의 것이라고 말해줄 수 있다는 이유 때문에 내 이해를 피해간다. 그것은 일인칭의 시점에 놓여 있지 않다. 나는 자궁 안에서의 삶과 출생을 기억할 수 없다. 내 이해를 피해 달아나는 두 작업수행은 신에게로 투사되며, 이때 신은 유일한 창조자가 된다.

여기 어떤 함의가 있다: 생식과 출생 그리고 최종적으로는 발생학에 대한 학문적 연구. 현상학적 학문으로서 이 연구는 어떻게 해서든 심리학과 신체학, 그리고 인류학의 영역 안에 남게 된다. 왜냐하면 이 문제는 주체적으로 따라서 현상학적으로 경험되는 발생의 의미와 양상들에 관한 연구로서 제기되기 때문이다. 이 학문적 함의의 귀결 중 하나는 이러한 것이다: 발생에 관한 학문적 연구, 객관적인 학문적 연구가 성적 행위를 대신하는 대리인으로 나타날 수도 있다.

학자는 그 자신에게 있어 학문적 지식이 성서적 의미의 "지식", 즉 성적 행위를 지금까지 대체했었다는 점을, 아마도 늦게 깨닫게 될 것이다. 세계의 발생을 탐구하는 자로서 철학자에게도 이러한 일이 생길 수 있다. 또는 역사가에게도: 발생이 역사이다.

물신주의는 [넋을 빼놓을 만큼] 매혹적인데, 이것이 생산적인 성적 행위를 대신하기 때문이다. 이러한 관점에서 기술은 마술적인 흡인력을 발휘할 수 있다. 기술은 성적 행위를 대신할 수 있으며, 실패한 생식을 사이버네틱스 cybernetics에서 대신할 수 있다. 기술자는 인간을 기계로 대체하려는 무의식적인 욕망 안에서 자신의 아이를 해부 실험용 인체 모형 *homunculus*으로 만들려 할 것이다. 괴테의 인체 모형은 후설이 "학문의 위기"라고 고발하는 것의 상징이다.

1960·3·30, 파리에서

리옹 역에서 리쾨르를 만났다. 15년 동안 서로 만나지 못했다. 그는 갑자기 비첸도르프를 떠났었다. 나는 잠들어 있었다. 그는 날 깨우고 싶어하지 않았고 내 침대에 빵 한 덩어리를 남겨두었다.

그는 스트라스부르크에서, 나는 파비아에서 교수직을 맡고 있었다. 이후 그는 파리로, 나는 밀라노로 옮겼다. 15년 전에 그는 후설의 『이념들 I』을 번역하고 있었다. 그리고 오늘 그를 다시 만난 것은, 내가 후설 연구를 재개했었기 때문이다.

폴 리쾨르 Paul Ricoeur(1913~)

프랑스의 현상학 철학자·역사학자. 인간 의지·자유·악과 관련된 사건과
상징을 기술하고, 해석에 관한 다양한 언어학·정신분석학적 이론을 연
구했다. 1956년부터 현재까지 파리대학교 교수로 재직중이다. 주요 저서
로는 『의지의 철학 *Philosophie de la volonté*』, 『역사와 진리 *Histoire et verite*』,
『해석에 관하여: 프로이트론 *De l'interpretationEssai sur Freud*』 등이 있다.

1960 · 4 · 2

소르본 Sorbonne에서 내 강의가 끝난 후 메를로-퐁티와 대화. 그는
시간의 문제에 결정적인 중요성을 부여할 준비가 되어 있지 않다.
그는 자신의 저작에 관해 언급했고, 그 저작의 목표는 무엇보다도
『행동의 구조 Structure du comportment』와 『지각의 현상학 Phénoménologie
de la perception』에서 심리학에 대해 수행했던 일을 이제 생물학에
대해 수행하고자 하는 것이다. 오직 시간에 대한 현상학적 접근만
이 "다의성"의 지각을 ——나에겐 너무 불안정한——명확히 할 수
있다고 주장했다. 우리의 이야기는 시간에 관한 후설의 미출간
저작과 이 저작들에 관한 문제로 끝맺음했다.

리쾨르는 각별히 악의 문제에 몰두해 있다. 그는 단순히 아니오
no의 철학이 아니라, 예 그렇습니다 yes의 철학을 찾고 있다. 그가
생각하기에, 현상학은 우리 안에 감추어진 부정적인 면을 발견하
지만 악을 이론적인 설명으로 해소하지는 못한다.

1960 · 4 · 3

리쾨르와 볼료냐 숲에서 산책했다.

현상학을 재구성하려는 나의 방식을 그는 확신하지 않는다.
『이념들 II』을 놓고 메를로-퐁티와 리쾨르 사이의 상이한 독해.
리쾨르는 『이념들 I』에 너무 묶여있는 것 같다. 그는 사르트르를
엄청나게 숭배하고 존경하지만, 확실히 사르트르의 존재론을 좋

아하지는 않는다(이것이 『존재와 무 *L'être et le néant*』의 제1부에서 다루어지는 문제라면, 우리는 여기에 동의한다).『변증법적 이성 비판 *Critique de la raison dialectique*』의 내용이 될 것을 추측해 봄.

명증성의 문제. 감각적 명증성. 리쾨르는 나에게 니체의 문장을 상기시켰다: "소리 sound를 논박하는 것은 불가능하다."

1960·4·5, 브뤼셀에서

비첸도르프에서 내가 선물로 리쾨르에게 준 이후 계속 그가 지니고 있었던 『사유, 실존 그리고 가치 *Pensiero, esistenza e valore*』의 복사본이, 1936년에 내가 후설에 대해 생각하고 있었던 것을 다시 시작하도록 했다. 그때 나는 후설에게서 세 가지 문제를 보았다: 주관성, 형상적 직관, 상호주관성. 그때에는 후설이 마지막 문제를 풀지 못했던 것으로 보였다. 지금은 그 반대로 생각한다. 대신에 후설이 주체들간의 관계를 만족스럽게 해명해내고 있다는 것을 리쾨르는 믿지 않는다: 그러나 상호주관성은 정확하게 현상학의 중심이다. 이렇기 때문에 상호주관성의 문제가 어렵다는 점을 피해갈 수는 없다. 문제의 본질상 쉬운 해결책을 허용하지 않는다.

1960·4·7, 뢰벵에서

후설에게서 지각은, 이 말의 좁은 의미에서의 순수한 인식적 사실이 결코 아니다. 모든 지각에는 어떤 관심이, 일정한 정도의 관심이, 최소한의 그리고 최대한의 관심이 있다. 실천적 상황. 우리 관심의 변화와 우리 환경세계의 변화(수고 D 1, 1937). 우리에게 어느 정도 실재적인 것을 경험하는 것은 우리의 관심에 의존한다.

학자들 사이에서 후설의 실천 praxis에 대한 이해는 정말로 부족하다. 실천이 의미와 진리로 향하는 작업수행에 의해 구성된다는 점에서, 실천 자체를 아는 것이 실천이다. 작업수행, 구성, 사태 그 자체는, 이것들이 작업수행들의 결과인 한 다양한 지평을 갖는다. 이것들은 미래로 뻗어 나가고, 자신의 미래 지평에 의해, 자신들이 미래에 갖게 될 의미에 의해 지금 이미 구성되어 있다. 뿐만 아니라, 기억의 지평들, 망각의 지평들, 잊혀진 것들을 재정복하는 지평들. 이 모든 지평들은 우리 현재의 삶으로 구성되어 있으며 우리 삶에 어떤 형태와 형상을 부여한다: 지평들은 우리가 경험한 모든 것에 형태와 형상을 부여한다(공동 실존의 형태 *Koexistenz-form*, 공동 배치의 형태 *Konfigurationsform*: 또한 D 1, 16쪽). 우리가 사는 세계의 형상들은 시간과 공간을 통해 짜여져 있다. 근본 구조는 공간-시간성이다. 각 사물은 다른 사물들에 둘러싸여 있으며, 이 사물들은 자신의 외부적 지평을 구성하며, 또한 모든 사물은 자신의 중심으로서 내부적 지평을 갖는다. 사물과 이를 둘러싼 사물들간의 계속되는 관계, 원인과 결과간의 복합적 관계(물리학의 인과성이 아니라, 원인이란 범주 이전의, 즉 **전범주적인** 인과성). 이것이 바로 자연이, 과학의 작업수행 이전에, 실제로 보여지고 경험되고 경험 구조 속에서 묘사될 수 있는 것으로, 우리에게 자신을 보여주는 방식이다. 자연은 내 인간성의 영토 *territorium*이다. 총체성 안에서 자연은 지상의 세계뿐만 아니라, 가능한 모든 세계들의 종합이 되어야 한다. 그러나 이 종합은 무한하며, 그리고 시간 안에 놓여 있는 한, 무한한 역사이다. 사물들, 세계들, 그 형상들은 관계들의 양태들, 무한의 유한한 중심들, 무한 안에 놓인 유한의 현존이다. 그러므로 사물은 결코 실체가 아니다(19쪽): 각 실재는 무한의 중심이 되는 어떤 지점이다. 무한은 각 부분들에 현존한다. 이런 것이 첫 번째 수고 D에 나타나는 후설의 관점에 포함되어 있다. D 17과 D 18에서 이러한 관점이 다루어지고 있으며, 코페르니쿠스에 대한 놀라운 비판 속에 압축되어 있다. D 전체가 초월적 미학에 관한 것이라고 말할 수 있다. C를 읽기 위해서 여기 뢰벵에 왔다가, 수고 D에 속하는 몇몇을 읽어야 한다는 것을 느꼈다. 너무 빨리 읽었다. 그럼에도 많은 기록을 남길 수 있다. 후설이 하는 분석의 도약 *élan*에 완전히 사로잡혔다. 사물들은 바로 내 손안에서 변화하며, 세계는 전혀 본 적이 없었던 새로운 얼굴을 드러낸다. 나 자신이 변화되고 다른 어떤 사람이 된다. 그러나 이 모든 것 안에는 내가 억제할 수 없는 무엇이 있다: 나와 수고간의 깊은 친근함, 감정이입, 그리고 이것은 결국 나와 후설간의 감정이입이며, 후설은 나를 놀라게 하고 조금은 두려워지게까지 하는 모습으로 살아 돌아온다.

1960·4·8

나를 행복하게 하면서 동시에 조심스럽게, 의심하도록, 복잡하게 하는 것은 나만의 분석이라고 생각하는 것을 후설에게서 발견하는 일이다. 때로 이 둘 사이의 분석은 동일하다. 때로는 그 차이가 작게 보이기도 하지만, 그러나 본질적이다. 그리고 내가 지금까지 헛된 길을 추구해왔을지도 모른다는 것을 깨닫는다——가장 간단히 말하자면 말이다. 그러나 후설 자신이 다양한 길[방법; ways]을 시도한다. 그 중 몇몇은 포기하기도 한다. 많은 길은 수렴한다. 다른 방법들은 여전히 서로 모순적으로 보인다——이후에 모순적이지 않은 것으로 드러날 때조차. 모든 길은 서로 교차하며 모든 길에는 최소한 하나의 음[기록; note]이 놓여 있다. 이때 이 음은 동일한 전형의 다른 음들과 관계를 맺고 있으며, 또는 아마도 "주제로 다루어지는" 방법에서 멀리 떨어진 일련의 방법들과도 관계가 있다. 중심적인 것으로 표시된 주제는 종종 그런 것으로만 끝나지는 않는다. 두 번째 주제가 등장하여, 주제로 다루어지고 있지 않은 배경의 가장자리로 처음 주제를 몰고 간다. 복잡한 교향악적 구조. 포기한 주제들이 항상 조용히 있는 것은 아니다. 입을 다문 채 계속되거나, 아니면 간단히 [우리 앞에] 불러 세워지는 것이다 ——현재 흐르고 있는 주제의 부분이면서 동시에 앞서 포기한 주제에 속하기도 하는 두어 개의 음이 흐르고 있는 주제를 교향악으로 연주하는 가운데.

사물의 구성. 모든 우리의 감각기관과 이 감각기관들의 기관인 우리 몸이 느끼고 지각하고 살아내는 사물들. 우리의 몸은 살아있는 몸이다. 그러나 사물들 사이에 있는 하나의 사물로, 근원 사태 *Ursache*로서 나타날 수도 있다. 다른 사물들로 둘러싸여 있는 하나의 사물("둘러싸여 있음": 원인-결과 관계의 전범주적인 형태).

모든 사물들은 이러한 상호적인 인과관계에 포함되어 있으며, 이것이 바로 사물인 이유이다. 그러나 저기에 있고, 내가 보고, 그리고 여기에서 단지 자신의 실제 모습보다는 작은 것만을 우리에게 드러내는 봄 vision일 뿐인 사물은 실재적인가? 아니, 그것은 하나의 봄, 하나의 환영 *phantasm*이다. 실재 사물과 환영간의 관계에 관해 수고 D에서 후설이 전개한 풍부한 분석은 믿을 수 없을 만큼 놀랍다. 사물들은 둘러싸여 있으면서, 지각되고 체험되는 인과적 관계 속에서 살아간다: 인과성은, 본래 범주 이전의 것으로, 지각의 한 양상이다. 사물의 실재는 구체적이고 구조적인 인과성으로 특징지어진다. 이러한 것으로서 환영은 인과적 관계에 포함되지 않는다, 또는 자신이 환영이 되는 그 사물과의 관계 속에만 놓여 있다. 이것이 후설이 시도했던 방법 중의 하나이다. 환영에 대한, 사물에 대한, 시각의 구성과 관계하는 촉각의 구성에 대한 도구이고 사용 대상인 사물에 대한 분석(*Gebrauchsobjekt*, 1910년). 그리고 1917년부터 1921년까지, 시간에 관한, 시간의 계층화에 관한, 유한한 기간들에 관한, 개체화에 관한 모든 문제들(후설에겐 오래된, 탄생과 죽음에 관한 문제). 하지만 보다 많은 것이, 더욱 많은 것이 있다!

그리고는? 환영과 실재 사물간의 구분이 "실재"에 후설이 몰두했다는 사실을 지시하지 않는가? 확실히──기술되는 것은 본질인데, 본질은 그 자체로는 실재적이지 않다. 그러나 본질이 실재를 그러한 것으로 드러내는 것(현상)이 아니라면, 그러한 본질이란 도대체 무엇인가? 자신을 우리에게 드러낸다는 바로 그 이유 때문에 우리가 실재라고 알고 있는 그 실재를 드러내는 것이 아니라면?

괴팅겐 학파의 플라톤적 해석과는 얼마나 거리가 먼 것인가! 나는 지금 하루 일을 모두 마치고 잠자리에 들기 전에 이 글을 쓰고 있다. 내가 발견하고 직관한 모든 문제들을 쓰려면 몇 달, 어쩌면 몇 년이 걸릴 것이다.

1960·4·28, 밀라노에서

밀라노에서 리쾨르의 강의. 리쾨르는 곧 발간될 『의지의 철학 *Philosophie de la volonté*』의 두 번째 권의 내용을 나에게 요약해 주었다. 두 번째 권에는 『유한과 죄 *Finitude et culpabilité*』라는 제목이 붙을 것이며, 다시 두 부분으로 나뉘어질 것이다. 『오류에 빠지는 인간 *L'homme faillible*』과 『악의 상징 *La symbolique du mal*』.

리쾨르는 어떤 인류학을 찾고 있다. 이 점에 우리는 동의한다. 만일 현상학이 비코의 의미에서 "새로운 학문"이 된다면, 그것은 자신 안에 인류학을 포함한 어떤 것이다. 그러나 이 인류학은 셸러 Scheler 또는 하이데거와 같은 인류학이 되지는 않을 것이다. 마찬가지로, 단순히 고생물학이나 인종학으로 다시 태어나지도 않는다. 이 문제는 현상학과 심리학간의 관계, 그리고 결국에는 현상학과 학문들간의 관계와 유사하다.

동의하는 또다른 지점: 유한과 무한간의 변증법에 입각해 현상학을 해석하는 것. 인간을 유한과 무한 사이의 매개로 리쾨르가 생각할 때, 그리고 이러한 매개를 위해 칸트의 초월적 도식론을 사용할 때, 동시에 반면 키에르케고르를 활용하면서 신화의 의미를 재확인할 때, 내가 가진 문제들의 제목을 그에게서 발견한 듯 싶다(해답을 발견한 것은 아니다).

이러한 문제들이 후설에게선 존재하지 않는다고 리쾨르는 믿지만, 나는 후설이 인간과 초월적 '나' 사이에 함축적으로 이 문제들을 위치시키고 있다고 믿는다. 만일 인간이 자기 자신에 적합하지 않다라는 원리에 인류학이 근거하고 있다면, 나는 인류학이 **지향적** 차이에 근거하고 있다고 말하겠다.

신화를 재확인하면서 리쾨르는 자신의 방법을 좇아 전범주적 차원을 재확인한다. "고통의 비애 pathetic of misery"는 전범주적 차원에서 밝혀진다. 철학에는 절대적 시작점이 존재하지 않는다: 신화와 상징이 이에 우선한다. 이탈리아 사람인 나에겐 이 모든 것이 비코와 크로체 Croce다. 그리고 이러한 연관 안에서 악의 문제, 언제나 가능성이 존재하는 야만주의의 거대한 숲의 문제가 등장한다면, 또 다시 비코이다.

1960·5·10

악 惡을 합리적으로 설명할 순 없다고 리쾨르는 말한다. 악을 설명하는 것은 어떤 면에선 악을 인식하는 데 실패하는 것, 악을 은폐하는 것이다. 그러므로 합리화 없이 악을 지시하는 신화의 기능. 하지만 아마도 신화 역시 악을 은폐할 수 있으며, 또한 악에 대한 지식이 반드시 악을 인식하는데 실패로 귀결되는 것은 아니다.

여기에서 개체화의 문제가 피할 수 없는 것이 된다. 인류학의 주제는 개체화된 인간과 집단들이다. 인간과 집단들은 무한과 관계하고 있는 유한이다. 이들의 변증법은 무엇인가?

리쾨르는, 현상학에서 "사태"가 전체 속에서가 아니라 그저 "윤곽"과 "부분"을 통해서 주어진다는 점을 들어, 현상학을 비판하고자 한다. 그러나 우리가 유한—무한의 변증법을 충실히 좇는다면, 모든 유한적인 부분 안에는 무한이 놓여 있다고 말할 수밖에 없게 된다. 이와 유사한 것을 칸토르의 "집합" 개념과 아낙사고라스의 '유사한 부분 homoeomery'이라는 개념에서도 찾아볼 수 있다(파비아에서 있었던 소크라테스 이전 철학에 대한 1956~57년 강의, 그리고 밀라노에서 있었던 『데카르트적 성찰』에 관한 1958~59년 강의).

만일 부분과 전체가 분리된다면, 사물은 존재하지 않으며, 인간도 존재하지 않을 것이다. 만일 부분과 전체가 일치한다면, 또한 마찬가지이다. 하지만 부분은 자기 안에 전체를 가지고 있으며, 다시 부분은 이 전체의 부분이다. 비록 부분이 전체는 아니지만 말이다. 부분들 안에 살고 있는, 그래서 감추어져 있는 총체성은 현실의 총체성이 아니라, 지향적 총체성이다. 악의 기원은 부분이 총체성과 동일하다는 가정에 있다. 리쾨르의 용어를 사용하자면, 우리 자신을 완전하고 오류가 없는 존재라고 생각하는 믿음에 놓여 있는 것이다.

유한과 무한 사이에 놓인 인간이라는 생각은 플라톤뿐만 아니라, 르네상스(피코 델라 미란돌라 Pico della Mirandola)에서도 명확히 나타난다. 내가 생각하기에 이것은 수학적—철학적 관념으로서 후설에게 강한 영향을 미쳤다. 아마도 칸토르를 직접 만나면서 헬러 Halle 시절 이후로 그랬던 것 같다. 후설에게 칸토르를 소개했던 사람은 브렌타노 Brentano였으며, 하여튼 그 이전 후설은 볼짜노 Bolzano를 연구할 때에도 무한의 문제에 줄곧 관심을 기울였었다. 칸토르가 나름의 방식으로 후설에게 영향을 미쳤으리라는 점은 부정하기 힘들다. 그 영향력을 가장 축소해서 말한다 하더라도, 후설이 "무한 집합"의 개념을 명확히 공식화하는데 칸토르가 도움을 주었을 것이다. 이것은 칸토르의 편집자였던 프랜켈 A. Fraenkel의 견해이기도 하다(『칸토르와 데데킨트의 편지교환 Briefwechsel Cantor-Dedekind』, Paris, 1922, 5쪽 참조).

1960·9·23, 파리에서

변증법에 관한 루와오몽 Royaumont의 주장에서 나는 두 가지를 확신했다: 맑스를 다시 공부해야 할 필요성과 프랑스에서는 아직 사르트르의 저작의 중요성을 전혀 깨닫지 못하고 있다는 사실이다. 『변증법적 이성 비판』을 이해하지 못하는 것이다. 이 저작에서 실존주의자로서의 사르트르는 희미해지고 있으며 맑스주의자 그리고 현상학자로서의 사르트르가 전면에 나서고 있다는 점은 명확하다. 내 생각에 "실천적인 집합"은 결정적으로 중요하다. 어느 정도까지 사르트르는 칸토르를 염두에 두었을까? 이 집합은 개체와 사회간의, 그리고 부분과 전체간의 관계라는 문제를 풀 역동적인 해결책이다("탈-총체화된 총체성").

학문과 자연의 변증법. 자연의 변증법을 재평가하는 일은 확실히 가능하다. 그러나 자연의 변증법을 학문에서 그리고 하나의 철학적 구축에서 연역해 내려만 하지 않는다면 말이다(현상학은 어떤 "구축"이 아니다).

1960·9·25, 뢰벵에서

이번엔 『위기』와 직접적으로 연관되어 있는 수고를 읽고 있으며, 한편 『위기』에 관한 『주석서 *Commento*』를 준비하고 있다. 또한 후설의 도서관에서 많은 시간을 보내고 있다. 긴 주석을 쓰고 있다. 여기 그 중 몇 개.

수고 안에서 생활세계의 "구체성" 개념에 관한 정말 많은 구절들을 발견했다. 그것은 실재 세계이며, 생활세계의 학문은 실재 세계의 구조 *Struktur der Realitätenwelt*에 관한 연구이다. 진정한 존재론은 이러한 구조 연구이다(K III 32: 1937년 4월이라고 기록된 이래, 마지막 수고에 속하는 하나). 실재 세계는 주관성, 논리 그리고 상호주관성과의 연관 속에서 분석된다.

1960·9·26

줄곧 생각했던 대로 후설은 발생적 현상학에 **결정적인** 중요성을 부여한다. 과거에 나는 후설이 구체적 발생의 현상학을 진정 찾아

냈는지 의문을 가지고 있었다. 그러나 더 이상은 아니다. 타인의 구성, 감정이입은 탄생 이후 인간의, 모나드의 역사를 재구성하는 것과 연결되어 있다. 내가 타인을 경험하는(어린이에 대한 첫 번째 감정이입) 원초적인 방법은 어머니와의 관계이다(K III 11, 1935년 7월). 그러므로 이것은 출생과 연결되어 있으며, 이 출생은 발생론적으로 기원 *Ursprung*으로서 여기에 도입된다. 철학자가 반성을 통해 항상 시작점으로 삼아야 하는 기원의 또다른 의미는, 주체라는 현실적인 명증성이다. 그러나 이러한 명증성이란, 언제나 하나와 다른 하나 one and other이며, 이 명증성은 연상을 구성하여 그 결과 주체는 그 자신임과 동시에 타인이다. 이것이 출생과 생생한 현존 *lebendige Gegenwart* 안에서 모두 생겨난다. 이것을 구체적인 언어로 옮겨놓기 위해서는 성적 행위를 언급하는 것이 필요할 것이다. 이 성적 행위에서 짝짓기는 단일성이자 이중성이고, 이중성에서 타인이 태어나듯이, 성적 행위로부터 아이가 태어난다.

아이의 현상학. 외부 세계의 구성이라는 문제(후설에게 이것은 타인의 구성 이후에 발생해야만 하며, 그 결과 만일 어머니 또는 어머니를 대신하는 사람과의 감정이입이 사라진다면, 외부 세계의 구성은 사라진다). 타인과 외부 세계의 구성을 통해서, 사물의 구성과, 그 결과 사물 이름의 구성이 가능하다. 언어의 현상학. 어머니의 운동감각적인 동작들에 관한 용어로 언어 형성을 분석하는 것. 아이는 자기 나름의 공간과 자기 나름의 시간을 형성하고, 이리하여 후설이 말하듯이 "아이는 역사로 들어간다."

1960·9·27

수고 K III 4(1934~1935년)에서 나에게 중요한 지점. 여기에서는 발생이란 주제가 보편적 목적론이란 주제(수고 E)와 연결되어 있다. 정상성과 비정상성. 정상적인 생활세계는 목적론적이며, 그 시간은 목적론적 시간이다. 살아있는 유기체들: 이들의 지향적 삶과 목적론적 시간성(45~49쪽) 안에 **총체성**이 현존함. 여기에서 언급한 총체성은, 사르트르가 말한 것처럼 일종의 "탈-총체화된 총체성"이다. 목적론은 하나의 법칙이지만, 평범한 의미의 과학적 법칙은 아니다: 목적론은 생활세계에 관한 학문이라는 단계에만 적용되는 것이며, 정밀 과학에는 적용되는 것이 아니다(이것은 『이념들 II』의 "법칙들"에도 마찬가지이다). 동물의 현상학에 대한 개요: 분류, 발전, 유전의 문제들. 출간되지 않은 첫 번째 부분(60쪽까지)은 1934년 9월 8일과 9일 사이에 씌어졌다. 후설은 1935년 4월까지 이 작업을 계속한다. 이것은 『위기』의 모든 주제와 연결되어 있다. 66~73쪽은 『위기』의 부록 XIV으로 출간되었다: 이 부분은 후설 전집에서 『위기』의 텍스트가 끝나는 단락과 정확히 연결되어 있다. 심리학에서뿐만 아니라 사회학과 우주학에서도 객관화를 주장함(120쪽).

1960·9·28

후설의 수고 K III 3(1934~1935년): "보편학으로서 현상학은 그 자체로 또한 합리적 인간들에 관한 학문이자, 인간들의 개인적, 사회적, 정치적, 과학적 합리성의 형상과 규준에 관한 학문이다"(9쪽).

수고 K III 2(1934~1935년)에 있는 고전 물리학과 현대 물리학 간의 관계에 대한 연구. "의식"의, 자각 *Selbstbesinnung*의 문제. 신의 문제(프라하 컨퍼런스에서 사용하기로 되어있었지만, 실제로는 사용되지 않은 페이지에서). 신은 결정의 명증성 안에서 살아가는 하나의 텔로스이며, 이 결정에 입각해 나는 유한 안에서 무한의 길을 발견하고, 타인과 더불어 있을 뿐만 아니라 타인 안에 있는 내 자신을 발견한다. 신은 서로 안에 있는 모나드들이 상호 조우하는 극점으로서 나타난다(그러므로 리쾨르의 "존중", 그리고 더 많은 것들).

이 극점은 모든 길들이 향해있는 극점이다. 그러나 길들이 어느 한 점으로 수렴해 가는 것이 아니라, 상호 침투 속에서 서로에게 내적으로 수렴해 들어가는 방식으로 그러하다. 진리의 의미로서 이 극점은, 자신 안에서 인간성을 가지고 있음을 의식하는 각 모나드의 행동 안에서, 즉 자기 의식 안에서 자기의 의식을 획득하는 각 모나드의 행동 안에서 살아간다. 무한한 진리는 유한 속에서 살아있지만, 그러나 유한은 결코 자신의 안에서 진리를 고갈시켜 버리거나 대상화하거나 [완료된 형태로] 실현할 수는 없다. 각 모나드는 자신이 곧 진리는 아니라는 사실을 알아가면서 그 진리를 살아내고, 이런 한에서 지향적이다. 그러므로 이것은 존재에 관한, 형이상학–신학적 존재에 관한 문제가 아니다. 이것은 존재의 의미에 관한(그러므로 진리에 관한), 상호주관적인 합리적 삶

의 텔로스로서 지향된 초월적인 목적론적 지평에 관한 문제이다
──즉 각 주체가 서로에게 대상이 아니라 주체가 되는 삶에 관한
문제인 것이다. 그러나 이것은 인간들이 단순히 타인 옆의 각자가
되도록 노력하는 것이 아니라, 타인 안의 각자가 되도록 노력해야
함을 의미한다. 나와 인류의 관계는 서로 나란히 있음 *Nebeneinander*
이 아니라, 서로 안에 있음 *Ineinander*이다.

1960·9·30, 파리에서

프라하 컨퍼런스를 준비하며 후설이 작성한 페이지를 내가 옳게
해석하고 있다고 생각한다. 내 생각에, 신을 형이상학적이고 객관
주의적인 의미에서의 존재라고 생각하는 것은 후설에겐 아마도
우상 숭배일 것이다.

　지향성은 상호주관성을 향해, 그리고 모나드의 행동이 정당할
수 있는 범위까지 뻗어나간다. 왜냐하면 모나드는 자신의 유한성
을 넘어 초월해가며, 모나드는 자신 안에 다른 모나드를 지니고
있기 때문이다. 그러므로 악의 가능성, 즉 상호주관적 지향성의
와해. 뿐만 아니라, 지향적 진리 안에서 주어진 바대로, 내 존재를
넘어서지 않고서 나는 타인 안에서 살지 못한다. 타인과 나 자신을
진리와 일치시키고자 한다면, 즉 진리를 지닌 상호주관적 존재에
일치시키고자 한다면, 나 자신과 타인간의 변증법뿐만 아니라,
나 자신-타인간의, 그리고 우리 둘과 모든 이들(인류)간의 복잡한
변증법 안에서 나 자신과 타인을 나는 부정하는 것이다.

다음과 같은 사실을 주의해야 한다. 신이 하나의 실재나 존재가 아니고 지향적 극한이라면, 부분인 개인에게 악의 기원은 실현된 총체성으로서 자신을 정립하는 데에 있다. 이것은 "현상학적인" 또는 "실천적인" 집합으로서의 개인에게도 적용된다. "탈-총체화 된 총체성"은 지향적인 상호주관적 총체성이다.

1960·10·14, 밀라노에서

올해의 강의는 사르트르의 『변증법적 이성 비판』과 덧붙여 『위 기』에 초점이 맞추어질 것이다. 이 시대의 사상이 찾고 있는 것은 사실 "실천적인 집합"이라는 개념이다. 유한과 무한의 관계의 핵 으로서 "집합"은 아마도 맨 처음 아낙사고라스에서 등장했을 것 이다(『소크라테스 이전의 사상사 *Storia del pensiero presocratico*』, Turin, 1957, 110쪽). 가장 발달된 형태의 수학적 사상은 칸토르에서 찾을 수 있다. 그러나 이것은 수학의 "무한 집합"에서 "현상학적 집합" 을 연역해내는 문제가 아니다. 현상학적 집합은 전범주적인 것이 다: 이것은 수학이 아니라, 생활세계의 학문과 관계가 있다.

사르트르는 올바르게 "실천적인 집합" 안에서 변증법의 문제 를 기초했다: 이것이 그의 저작의 받침대이다. 그가 이해되지 못 하는 것은 확실히 이 때문일 것이다. 사실 자신의 입장이 어떻게 후설적인 것인지를 사르트르 자신이 항상 이해하고 있지는 않다 (이를 위해서는 명증성을, 유한하지만 아직 지각되지는 않은 지평 들의 주관적이고 유한적이며, 현실적인 무한의 핵으로서 해석해

167

내는 것이 필요했을 것이다: 지각되지 못한 것이 지각 속에 현존함). 어쨌든 사르트르는 후설의 관점을 넘어서서 변증법을 발전시켰다. 그러므로 실존주의가, 사르트르의 용어법을 사용하자면 "기생적인"——불가피한 것이기는 하지만——철학으로 드러나는 순간, 현상학은 맑스주의의 문제들을 결국 전유 專有하고 마는 것이다.

"실천적인 집합"이라는 개념은 총체성의 개념과 연결되어 있다. 지향적 상호주관적인 총체성(프라하 컨퍼런스를 준비하면서 작성했던 후설의 개요), 또는 사르트르가 쓴 것으로는 "탈–총체화된 총체성." 개인들이나 집단들로부터("실천적 집합"으로부터) 탈–총체화된 총체성으로, 즉 후설이 말한 보편적 목적론이라는 이념적인 용어로 이동하는 것의 의미는 다음과 같은 의미로서의 지향적 운동이다. 즉 존재 의미 *Seinsinn*로부터 진리 의미, 역사 의미, 그러므로 나에게는 시간 의미로 변화해가는 의미인 것이다. 시간의 본질적이고 필연적인 양상은 비가역성이며, 다른 무엇보다도 이 비가역성 위에서 "경제 구조"를 구성하는 것 또한 가능하다. 시간은 비가역적인 방향을 가지고 있으나, 이 방향은 인간에 의해서 역사와 현실의 의미로 변형될 수 있다. 나는 사르트르에게서 확신을 발견하는데, 그는 의미를 비가역성(후설과는 "거의" 관계가 없는 개념)이 합리성과 진리로 변형되는 것으로 보려 한다. 사르트르에게, "개인과 집단"은 "역사의 비가역성을 이해하는 이성 안에서" 자신의 의미를 획득한다. "총체화의 방향은 … 역사와 그 진리의 의미이다"(『비판』, 156쪽).

역사는 "모든 실천적 다수와 이들의 대립의 총체이다." 역사는

장-폴 사르트르 Jean-Paul Sartre(1905~1980)

프랑스의 소설가·극작가. 개별적 인간 존재의 자유를 주창하는 철학인 실존주의의 대표적 사상가. 사르트르는 후설로부터 현상학적 방법을 이어 받았는데, 이 방법은 연역보다는 주의 깊고 편견 없는 기술 記述을 제안한다. 이 방법을 능숙하게 사용한 연속적인 작품들에 이어, 뛰어난 대가의 면모를 보인 『존재와 무 L'Etre et le néant』를 내놓았다. 그는 여기에서 인간 의식 또는 비사물성(무)을 존재, 즉 객관적 사물성(존재)과 대비시킨다. 이후 소설과 희곡을 포함해, 개인의 사회적 책임을 강조한 많은 작품을 내놓았다. 소련의 열렬한 찬양자였으나, 50년대 소련의 동구권에 대한 폭력적 진압을 목격한 이후로 일관되게 비판적 자세를 견지하게 된다. 이런 상황하에서 맑스주의의 보다 구체적이고 탄력적인 적용을 옹호하고자 한 『변증법적 이성 비판 Critique de la raison dialectique』을 집필했다.

총체화하는 실천의 산물로서 이해될 수 있다(754쪽). 나는 이렇게 밖에 말할 수 없는데, 그것은 언제나 다음을 필요로 하는 지향적 총체성의 문제인 것이다. 1) 보편적 목적론의 이념으로서, 즉 상호주관적 사회의 이념으로서의 진리의 이념; 2) 생활세계의 학문을 통해, 그리고 초월적 구성을 통해 학문들을 토대지음. 사르트르가 비록 이 문제들을 그렇게 엄밀하게 후설적인 형태로 진술하진 않는다 하더라도, 이에 동의하리라고 나는 생각한다.

1961·1·16

수동성, 불가침성, 단단함, 저항으로 내가 지각하는 것을 분석함. 수동성의 현상학. 노력과 **노동**을 필요로 하는 것에 관한. 개체인 내 안에 세계가 있다. 또한, 그리고 무엇보다 "외부적"이고 "대치되어 있는" 것으로 내가 경험하는, "살아있는" "외부적인" 어떤 것이 있다. 여기에서 내 행동들과 운동감각은 실천이며 기술 技術이다. 물신화된 기술은 노동을 나의 노동으로, 일인칭 주체의 노동으로 인식하는데 실패한다. 이 '나'는 "나는 한다", "나는 할 수 있다"이다——바로 후설이 적은 것처럼. 우리는 여기에 덧붙여야 한다: "나는 일한다." 물질의 문제, 내가 물질을 경험하고 물질 안에서 행동하는 양상들에 관한 문제는, 그러므로 근본적인 중요성을 획득한다. 기술은 내 자신의 세계로의 확장이다: 기술 때문에 물질은 내 것, 내 산물, 내 작업의 확장이 된다. 따라서 가치. 기술에서 주관성을 벗겨내는 것은 삶의 의미를 대상화하고 소외하는 일이다.

1961·1·18

물질의 현상학. 이것이 가장 어렵고 가장 심각한 은폐에 맞서 투쟁
해야만 하는 것임은 우연이 아니다. 물질의 현상학과 노동의 현상
학 사이의 긴밀한 연관. 상호적으로 주체를 객체에 집어넣고, 관념
론을 실재론에 집어넣는다고 말하는 것만으로는 충분하지 않다
는 것은 명백하다(메를로-퐁티: 다의성). 물질적인 차원이 사라져
버린다. 이 공백이 결국은 "유심론 spiritualism"을 불러일으킨다.

　지금까지 사람들이 믿었던 것만큼 유물론은 분명하지 않다. 현
상학적으로 그것은 외부의 체험, 내가 외부를 살아내는 양상에
연결되어 있다. 나는 노동 없이 대가를 치르지 않고 사물을 소유할
수는 없고, 또 전적으로 소유할 수도 없다. 이것은 특정한 참여,
즉 감정이입으로 사물에 침투해 들어가면서 사물을 구성해야 함
을 의미한다. 이때 감정이입은 일하는 동안, 기술적인 작업수행
중에, 나와 물질 사이에 확립된다. 그러므로 대상화와 물신화를
넘어서는, 기술 技術의 현상학이라는 가능성.

　매개로서, 칸트의 초월적 도식론으로서의 기술. 노동하는 인간
의 확장이고, 인간이 인간이면서 동시에 자연이고, 인간이 진정으
로 자연을 전유하게 하는 기술. 인간이 기술을 물신화하지 않고,
기술을 사용해 인간을 노예로 만드는 다른 인간에게 대상으로서
사용되지 않을 때, 인간은 자신 안에서 자연을 재발견한다. 노동,

171

기술, 자연의 "내재화." 사르트르가 말한 내재화와 외재화간의 변증법의 의미에서, 내재화의 각 단계는 의미를 갖고 지향성을 잃지 않았던 작업수행이다. 그 다양한 형태에 있어 자본주의는 노동의 지향성 상실로, 노동의 의미 상실로, 노동의 목적론적 의미 상실로 또한 해석될 수 있다.

1961·2·6

헤겔의 "노예의 자기의식." 노예는 주인에 대항해 노동에 의미를 부여할 가능성, "능력"을 자신에 대해 요구한다. 자기의식은 노예를 "대상", 도구로 느끼는 것으로부터 해방시킨다. 노동의 의미는 ─노예에게 있어 죽음은 이것으로 인해 패배한다─ 삶의 의미이자, 삶과 역사의 의미로 변형된 비가역성(즉 지향적 진리로 변형된)이다.

심리학과 현상학간의 관계에 관한 강의. 어디에 이르게 될지 나는 벌써 알고 있다. 인류학의 문제를 새로운 형태로 정립하는 시도에로.

1961·3·6

『율리시스』를 이탈리아 번역본으로 다시 읽고 있다. 해변.[18] 그렇다, 조이스는 아리스토텔레스를 인용하고 있다(이 인용을 크게 부풀리고 싶진 않다). 그보다는, 같은 페이지에서 조금 후에 나오는 것이 바로 운동감각의 참된 현상학적 분석이다. 사실 이것은 초월적 미학의 모든 것을 함축한다. 조이스가 수고 D를 알지는 못했을 것이다. 그렇지만 『이념들 I』은 알고 있었을까? "스티븐은 눈을 감고 그의 구두가 표류물과 조가비를 밟아 바스락거리며 깨어지는 소리를 들었다. 아무튼 너는 그것을 향해 걸어가고 있다."(31;125) 가로질러 걸어가는 것: 움직임 속에서 가로질러갈 수 있는 것과 가로질러갈 수 없는 것으로서 내가 지각할 수 있는 어떤 것을 분석함. 사실 그것은 '나'이다. '나'의 체험, 이 '내'가 갖는 "살아있음"의 양상. 이것은 구체적 '나'이며, 구체적 모나드, 또한 "고유한 신체 *corps propre*"이면서 현실의 몸인 모나드이다. 현실의 몸을 가진 나는 감각기관을 이용해, 그리고는 운동감각을 이용해 세계를 구성한다: "나는 이대로, 한 번에 한 걸음씩. 공간의 짧은 시간을 통하여 시각의 극히 짧은 공간을." 운동감각에 관한, 후설의 생활세계의 공간-시간 구조.

스티븐 Stephen은 숫자를 센다: "다섯, 여섯: 하나하나 차례로 *Nacheinender*." 조이스는 어디에서 이런 후설의 용어를 가지고 왔을까?(조금 후에: 하나하나 나란히 *Nebeneinander*). 스티븐은 눈을 감고 자기 발자국 소리를 들어본다. 육체를 가진 '내'가 세계를 감각하는 양상들에 관해서 그는 생각한다; 그 기관들의 기관 ──이것은 후설이 말한 것처럼 몸이다 ──안에 있는 감각기관들의 상호일치

18. 『율리시스』의 3장 「샌디마운트 해변」을 말한다. 아래의 번역은 제임스 조이스, 『율리시스』 1권, 김종건 옮김, 범우사, 1999, 3장에 따름. 괄호 안 숫자는 각각 영어본(Student's Edition, Penguin, 1986)과 국역본 쪽수를 나타낸다.

173

에 관해서. 하지만 나는 눈을 뜰 수도 감을 수도 있다. 내가 세계를 보지 않더라도, 그것은 현존하며 거기에 있고 나는 어쩔 수없이 대지 *Boden*에 연결되어 있다. 미출간 수고 D 17와 D 18에 들어있는 내용으로, 인간은, 자신과 연결되어 있는 것처럼, 자신의 몸과 연결되어 있는 것처럼, 지구라는 행성과 연결되어 있다. 조이스의 아이러니. 그러나 어쨌든 『율리시스』 전체를 현상학적으로 독해하는 것은 가능한 일이다.

1961·3·28

엘리엇의 『황무지』(1922년)와 조이스의 『율리시스』(1922년, 1914년과 1921년 사이에 씌어짐).

　『황무지』에서도 발견할 수 있는 "음조 tonality": "요사이 넌 예술가 형인 스티븐의 꼴을 보았나? 못 봤어? 확실히 숙모 셀리하곤 스트라스부르크 테라스에 같이 있지 않은 모양이지?"(32;130) "드루몽씨 말이야, 유명한 저널리스트, 드루몽···."(36;144) 힌트. 그러나 잠시 후 "익사."[엘리엇, 『익사 *Death by Water*』, 41쪽 참조—영역자 주] "물에 빠져 죽어 가고 있는 사람. 그의 인간의 눈이 죽음의 공포로부터 나를 향하여 비명을 지른다. 나는··· 그와 함께 다같이 아래로··· 나는 그녀를 구할 수 없었어. 바다: 비통한 죽음: 끝장이다."(38;153)

　개: "그들의 개가 총총걸음을 걸으며, 사방으로 코를 킁킁거리면서, 줄어들어 가고 있는 모래둑 근처를 느릿느릿 걸어갔다. 지

174

난 날 잃어버린 그 무엇을 찾고 있는 것이다." "그리고 나서 그의 뒷발로 모래를 파헤쳤다: 그리고 앞발로 모래를 튀기며 움푹하게 또 팠다. 무언가를 그는 그곳에다 묻었던 거다, 그의 조모 祖母를."(39;155)

개는 "시체를 파먹고" 있다.

조이스의 텍스트는 복잡하며, 그를 [다른 것과] 구별짓는 현상학적 체험 안에서, 그는 『황무지』의 주제와 매우 가까운 주제를 드러낸다. 변태 metamorphosis, 윤회 metempsychosis, 불가항력적인 삶의 귀환(봄에, 사월에, "가장 잔인한 달"에[엘리엇, 29쪽]). 엘리엇에게서: 개는 인간의 친구인가 적인가? 개는 땅을 파헤치는, 시체를 땅에서 파내는 버릇이 있다. 『황무지』에서 묻힌 것은 또한 폭력의 씨앗, 폭력으로서의 삶의 씨앗이며, 이 씨앗은 카르마의 순환에 따라 억누를 길 없이 다시 싹을 틔운다. 만일 개가 씨앗을 땅에서 파낸다면, 사월에 식물은 자라지 못하고 순환은 파괴된다. 이 경우 개는 인간의 친구이다. 만일 인간이 포기의(천둥소리의; *da*. 즉, *datta, dayadhvam, damyata*[엘리엇, 45쪽]; 주다, 동정하다, 억제하다) 가치를 이해한다면.

개가 시체-씨가 꽃 피우도록 내버려두지 않을 때, 개가 카르마의 순환, 폭력과 아픔의 순환을 부수기 때문에 친구인가, 아니면 몸이 묻히는 것을, 인간이 죽는 것을 참지 못하고, 땅에서 파내어 다시 살려내려 하기 때문에, 친구인가? 위선적인 독자는 천둥소리를 이해하려 하지 않기 때문에, 후자의 해결책을 선택할 것이다.

다의성이 더욱 더 복잡하게 보일 수도 있다: 폭력의 행위만 가지고 삶을 부정하는 것은 가능하다. 그것이 바로 살고자 하는

175

의지를 부처가 비난하는 이유인데, 하지만 또 자신과 타인을 위해 (즉 마조히즘과 사디즘 모두) 삶에 반대하는 의지 또한 비난하는 이유이다. 문제는 다음과 같다: 속세가 아니라 세계에서 사는 것. 그러므로, 물신주의 그리고 의미의 몰락 안에서가 아니라 지향적 의미 안에서.

1961·4·11

여기 밀라노에서 사르트르와 함께 있었던 것은 진정한 기쁨이었다. 많은 친구들과 함께 우리는 점심식사를 했다.

　주관성의 문제가 지니는 중요성에 대한 그의 강조. 그는 분명히 다른 의미로──나는 "현상학적"이라고 말하겠는데──사용하긴 했지만, 자신의 "집합" 개념이 수학적 "집합" 개념과 갖는 관계를 완전하게 알고 있다. 『비판』을 현상학적으로 독해하는 것을 그는 즐겁게 지켜보고 있다.

　내재화와 외재화간의 변증법의 문제와 관련하여, 무의식과 내재화되지 않은 외부간의 관계를 조명해보는 대화를 나누었다. "무의식"이라 부르는 것과 사물의, 세계의, 역사의 외부성 사이의 아주 중요한 연관을 이러한 방식으로 발견하는 것이 나에겐 가능해 보인다. 어느 지점에선가 우리의 대화는 『비판』에서 멀어져 다른 방향으로 발전해 나아갔다. 사르트르의 매력은 현존하면서 자신을 넘어서서 나아가는 끊임없는 능력에 있다. 그는 자신을 불태워 중단 없는 지향적 움직임 속에 내맡긴다. 내재화는 노동이며 실천이라는 사실을 그는 강조한다. 무의식도 마찬가지로 어느 정도까지 물질 세계가 우리 안에서 존재하는 하나의 양태일 수 있는지를 탐색하는 나의 막연한 추측에 대해 어느 정도 확신할 수 있을 것 같다. 우리의 것으로 만들기 전까지는 의식되지 못하는 존재 양태. 우리가 이것을 의식하지 못한다 하더라도, 우리는 우리 내부의 물질에 뿌리박고 있다. 노동으로, 다양한 전형의 실천으로, 이리하여 "내재화"는 주관성의 근본 양상 중의 하나가 된다.

1961·5·4

메를로-퐁티가 어제 죽었다. "전통은 기원의 망각이다, 라고 후설은 말년에 말했다. 우리가 그것[전통]에 많은 것을 빚지고 있다면, 우리는 그것에 속하는 것을 정확히 볼 수 없는 상태가 된다." 이 말로 그는 뛰어난 논문 『철학자와 그의 그림자 Le philosophe et son ombre』를 시작한다. 이렇게 구체적이고 직접적인 상황 속에서, 산 자와 죽은 자간의 의사소통을, 후설이 말하는 "죽은 자와의 대화"를 생각하며 이 말을 읽게 될 줄은 난 몰랐다. 나는 메를로-퐁티를 위한 일련의 강의를 이탈리아에서 열기 위해 준비했었고, 그에게 그의 여정을 세밀하게 묘사해 줄 참이었다.

현상학에 대한 다양한 해석간의 차이들에도 불구하고, 후설로 되돌아가는 모든 철학자들에게는 어떤 근본적인 동의가 있으며, 때로는 동일한 전제가 표면에 드러나기도 한다. "그렇게나 많은 반향을 불러 일으켰던, 그리고 겉보기에 그것이 원래 있었던 지점

177

으로부터 멀리 떨어진 것으로 보이는 철학적 기획에 관해 말하자면, 모든 기념은 또한 배반이다. 마치 우리의 사유가 가질 권한이 없는 보증을 발견하기 위해서인 것처럼 우리의 사유로부터 너무나도 불필요한 존경을 그 철학에 바친다든지, 아니면 반대로 그 철학을 그 스스로가 하려했고 말했던 것으로 거리를 두는 관점 없이 지나치게 좁게 환원하든지 말이다. … 그러나 어려운 점은 '자아'간의 의사소통이고, 후설은 정확히 이것을 잘 알고 있었다. 그리고 그는 이러한 어려움에 직면하여 속수무책으로 우리를 내버려두지 않는다." 모든 철학자에게는, 아직 명백해지지 않은 배경, 어떤 그림자를 암시하는 사유 지평이 존재한다. 메를로-퐁티의 철학적 지평에 있는 암시적인 배경에 우리는 또한 의존해야 한다. 그것은 명백한 이성의 깨어있는 세계에 항상 남아있는 잠자는 배경이다. 자아들의 연속성은 멈춤을, 중단을 허용한다. 잠이 멈춤, 죽음이 멈춤. 메를로-퐁티가 말한 대로, 후설을 이해한다는 것은 그를 오늘날 우리 안에서 다시 살아나도록 하는 것이다. "자신의 삶에서 해방된 후설, 동료들과의 대화 그리고 언제나 있었던 그의 대담함으로 되돌아오는 후설." 후설에서, 메를로-퐁티에서, 우리 안에서 계속되는 정정.

1961·6·10

반 브레다 신부가 5월 29일 도착해서 이탈리아에 머물고 있다. 그가 최근에 여기 왔던 1958년 2월 이후로 이탈리아에서 현상학

모리스 메를로-퐁티 Maurice Merleau-Ponty(1908~1961)

프랑스의 철학자. 『행위의 구조 *La Structure du comportement*』와 『지각 현상학 *Phenomen- ologie de la perception*』이 대표작이다. 메를로-퐁티는 에드문트 후설에게 많은 영향을 받았지만, 곧 이어 신체행위와 지각에 대한 독자적인 이론을 구축해나갔다. 그는 지각이 인식의 원천으로서 가장 근본적인 문제로 설정하고, 또 유기체를 하나의 전체로 생각할 필요가 있다고 주장했다. 40년대 후반 이후로는 맑스주의에 관한 저술들을 발표했다.

이 많은 진보를 했다고 그는 말했다. 밀라노에서 했던 강의, 그리고 아주 특별한 방식으로 토리노에서 했던 강의에서 **발생적 현상학**의 중요성을 강조하면서 그는 아주 행복해 했다. 많은 내 젊은 친구들이 밀라노에서 떠났고 몇몇은 이탈리아에서 떠났지만, 놀랄 만큼 많은 사람들이 강의와 피로연에 참석했다.

반 브레다 신부의 강조점은 항상 진리로서의 존재 *ens qua verum* 의 문제에, 의미의 문제에 놓여있다. 이것은 사실 후설의 핵심 개념이며, 말하기는 쉽지만 이해하기는 어렵다.

아마도 내가 해석하기로는, 후설에게서 철학적 전통의 존재 *esse* 가 진리 *verum*로 해소된다는 사실을 포착하는 것은 정말로 더 어려운 일이다. 전통 형이상학의 정반대. 현상학의 문제들에 접근해왔던 모든 이들을 기다리는 거대한 노동에 관해 생각한다는 것은 인상적인 일이다. 다양한 학자들을 만나는 일이 더욱더 필요해진다. 중요한 것은 선입견과 미리-구성된 입장에서 자유롭게 이러한 만남이 자발적으로 생기는 것이다.

1961·6·16

기술 technology의 **현상학**을 위하여. 현실의 몸의 분석을 다시 한번 시도해보는 것. 모든 감각기관들이 내 안에서 조화된 직접제시로서, 통일성과 형상, 전체의 "도식"을 통해 행동할 수 있다는 확실성으로서의 몸. 내 손을 사용함. 도구를 사용함.

자동 기계설[무의식적 동작설; automatism]. 이것이 갖는 부정적이고 긍정적인 역할. 내가 도구와 맺는 관계는 "무의식적"인 것이 된다. 내 몸이 도구를 자신의 것으로 사용한다는 의미에서. 결국 나는 유기적-자동 기계적으로 살아가는 우리 몸의 삶과 기술간의 긴밀한 관계를 생각하게 된다.

기술과 자동 기계설에는, 추상에서 나와 구체가 되는 작업수행들이 육화되어 있다. 몸은 배우기 위해, 추상을, 주의력을 추상적으로 행사하는 것——형식주의——을 잊어야만 한다. 범주는 육체적이며 자동적이어야 한다. 사실 범주는 육체로부터, 자연과 결합된 몸으로부터, "자연의 숨겨진 기술 secret art of nature"로부터 나온다. 도구를 구성하는데 도달하기 위해서, 나는 높은 단계에서 인위적인 범주들을 이용해야 한다. 그러므로 나는 내 자신이 시간적으로 추상적인 단계 위에 있음을 발견한다. 범주들은 오직 내 머리 안에만 있으며, 내 몸은 이것들을 알지 못한다. 이 범주들이 몸으로부터 획득되고, 몸이 범주들을 잠재적인 것에서 현실적인 것으로 변형할 때, 나를 위해 도구는 기능한다. 또한 몸이 자신의 주관성과 작업수행 능력을 확장할 때에. 내가 내 몸을 조종하고 지배하는 것처럼, 도구를 조종하고 "지배"(지향적인 사이버네틱스)하는 것을 배워야 한다. 지배된 기술은 주관적이며, 상호주관적인 것이 된다. 대상화로서가 아니라, 인간 주체와 자율성, 그리고 자기 지배 능력을 풍부하게 하는 것으로서 기술을 사용하는 것. 즉 대상화되고 물신화된 기술——이것은 인간의 물신주의의 원인이다——을 제거함. 그리고 자동 기계설의 부정적 측면을 필연적인 것으로 만듦으로써 물신주의를 필연적이게 하는 것을 제거함.

1961·6·19

라 스칼라에서 쇤베르크의『모세와 아론 *Moses und Aron*』. 그 동안
이 오페라를 무대에서 본 적이 없었다. 당연히 해석에 대해서는
의견이 분분하겠지만, 오페라의 인상은 놀라웠다. 종교적인 문제
와 카발라[신비적 교리; *Kabbala*]에 대한 쇤베르크의 관심에 관하
여 게르투르드 쇤베르크 부인, 그리고 누리아 노노 쇤베르크와
함께 이야기했다. 누리아는 1932년 바르셀로나에서 태어났고, 마
침 그때는 그녀의 아버지가『모세와 아론』을 막 완성하던 때였다.
우리는 아주 늦게까지 로노니, 노노, 카스틸리오니, 페스탈로짜,
그리고 그 밖의 모든 사람들과 이야기했다. 오페라를 다시 들으면
서 나는 이 오페라가, 해결되지 않은 위기의 음악적 표현(최고의
수준에서, 특히 제1장)임을 확신했다. 그러므로 그것의 파토스.
쇤베르크의 신 神은 그 시작부터 물신화된 것은 아닌가? 유감스럽
게도 그런 것 같다. 그렇다면 스토리가 결국 황금 송아지를 놓고
벌어지는 한바탕 술자리로 끝나 버릴 수도 있다는 것을 피할 수
없다. 모세의 법률은 이미 표현이며, 그리고 만일 표현이 의미가
아니라 대상화, 물신화와 우상숭배로 간주된다면, 그 법률은 우상
숭배다(아론).

　"하나인, 영원한, 전능한 ——보이지 않으며 재현할 수 없는 신."
그러나 보이지 않는 것, 재현할 수 없는 것은 표현될 수도 없다.
이것은 표현인 음악 그 자체에 관계한다. 쇤베르크는 수수께끼의
죄수로 남아있다. 그의 오페라가 위대한 것이라면, 그것은 그럼에
도 불구하고 쇤베르크가 수수께끼에 직면한 드라마를 오페라가

아놀드 쇤베르크 Arnold (Franz Walter) Schoenberg(1874~1951)
오스트리아 태생의 미국 작곡가. 무조성을 만드는 12음계에 의한 체계적
인 작곡 기법을 창조했다. 12음 기법은 얼핏 규칙에 얽매인 듯 보이지만,
쇤베르크는 대작『모세와 아론 Moses und Aron』(1930 시작) 등의 실제 작곡
을 통해 이러한 우려를 극복할 수 있었다. 20세기의 가장 영향력 있는
작곡자로 알반 베르크, 안톤 베베른 등 중요한 작곡가들을 길러냈다.

표현하고 있기 때문이다. 오페라는 역설적이게도 부정된 표현의 표현으로서 정의될 수 있다는 점이 허용된다.

표현의 의미는 무엇인가? 쇤베르크는 대답을 주지 않았으며, 아마도 이 질문에 대답할 수 없었을 것이다. 신은 법을 지시하는 존재가 아니다라고 말하는 것을 피할 수 없었을 것이다. 중요한 것은 법의 삶이며, 진리의 의미의 삶이다: 지향적 진리, 한계-진리, 그리고 이러한 의미에서, 결코 대상화되지 않으며 존재로 환원될 수 없는, 결코 정복되지 않으며 정복된 것으로 재현될 수도 없는 진리. 최초의 실수란 존재를 신에 귀속시킨 것, 신을 진리와 표현의 정적 靜的인 원천으로 정립한 것이었던 반면에, 신에서 추구되었던 것은 표현의 의미와 그것의 삶의 의미였다. 이와 유사한 것이 카발라 자체에서도, 만일 누군가 이것에 이끌린다면 도출될 수 있다.

진리의 삶으로서 법률은 공식화에, 글자에 있는 것이 아니라, 인간 즉 주체의 지향적 삶에, 그리고 상호주관성의 지향적 삶에 있다. 어떤 지시로서 그것을 받아들이는 문제가 아니라, 그것이 정말로 우리 각자 안에 있다면, 우리 각자 안에서, 우리 각자를 향한 모든 것들 안에서 그것을 발견하는 문제인 것이다. 진정한 법률은 우리의 뒤가 아니라 우리 앞에 있는 무한한 규범이다. 그것은 자신 안으로 자신의 의미를 흡수하는 글자나 기호가 아니라 텔로스이다. 그것은 그러므로 이상적이고 완전한 상호주관성으로 향하는, 그러나 반면 자신이 이 목적지에 도착했다고 믿는다면 스스로를 비난하는 삶 그리고 상호주관적 삶의 의미이다. 이미 도착했다고 믿는 가식에서, 즉 현재도, 과거도, 미래도 언제나 그 모습 그대로인 한정적인 진리를 정복했다고 믿는 가식에서 필연적으로 어떠한 우상숭배가 유래한다. 지향적 삶은 언제나 우리의 현재 모습을 넘어서고, 우리가 추상적으로 구성한 그 범주적 존재 자체를 넘어선다. 그것은 인간의 무한한 의미를 향해 나아간다. 그리고 진정한 표현은 이러한 긴장이다. 누구의 소유물도 아닌, 그리고 잠재적으로 각자와 우리 모두에게 의미가 되는 표현.

카발라에는 이러한 모든 것의 전조가 있다. 진정한 율법[토라]은 씌어질 수 없다. 그것은 말이다. 사람이, 모든 사람이 생생한 현재 안에서 살아내는 것이다. 하지만 그 다음에야 그것은 인간의 삶의 의미이며, 이러한 의미에서 표현인 것이다. 우상숭배에 대항하는, 법정 판결에서 자신의 구원 아니면 유죄 판결을 찾으려는 무상함에 대항하는 투쟁(카프카)은 대상화와 물신화에 대항하는 투쟁이다. 그러므로 이것은, 후설이 원했던 것처럼, 다음과 같은 상호주관성으로 되돌아가는 것이다. 진정으로 상호주관성이 그러한 것이라면, 진리를 향한 지향적 삶, 즉 스스로를 언제나 넘어 감으로써 완전한 상호주관성의 이념 안에서 살아가는 삶, 이러한 이념 위에서 살아가며 이 이유 때문에 **자신**을 표현할 수 있는 삶인 그러한 상호주관성 말이다. 기호 안에서가 아니라, 기호를 언제나 초월하는 의미, 최종적으로 로고스인 의미 안에서. 왜냐하면 논리적 의미란 표현이기 때문이다("*Logische Bedeutung ist ein Ausdruck*," 『이념들 I』, 305쪽).

1961·6·22

한가로운 걸음. 기다리고 있다가 이제 현존하는 리듬. 삶의 음악.
후설이 말한 것처럼, 나 자신은 역사 안에서 구성된다. 그러나
역사는 스토리와 모티브와 주제들의 복잡한 망이다. 내가 하나의
또는 여러 개의 주제를 전경 foreground에서 살아가고 있을 때,
다른 주제들은 배경 background에서 다른 주제들을 통해 형성되고
엮어졌다——나는 이것을 몰랐지만, 이젠 알고 있다. 더 정확하게
는, 알지 못하면서 알고 있었다는 것을 나는 지금 알고 있다(후설:
사람은 자신이 아는 것보다 더 많은 것을 언제나 알고 있다). 배경
의 주제들은 영원히 기대를 불러일으키며, 갑작스럽게 자신을 드
러낼 준비를 하고 있었다. 그것들은 화장을 하며 분장실에서 대기
하고 있었다. 정말 진지하게, 그러나 즐겁게. 그것들은 장엄한 모
습으로 전경에 등장하고자 했었다. 장엄하며 축제 같은(그러나
그것들은 어디에서 사라져 버렸나? 아시아에서, 아프리카에서?).
축제 같으면서 다소는 아이러니한. 마치 지겨운 일이나, 해야 할
일이나, 염려 Sorge만 있는 것이 아니라, 그것의 계기와 현존을 기
다리는 행복이 천천히 더해 가는 일도 있다는 것을 보여주기라도
하듯이. 이제 행복은 여기, 무대 위에 있다. 그것은 약간의 기다림
을 수반한다. 그것은 현존 안에서도 기다림을 "간직"하는가? 부재
안에서만큼 아름답지 않다는 것을 두려워하고 있지는 않은가?
그렇지 않다, 바로 자신의 내부에 지닌 기다림 때문에 자신이 더
아름답다는 것을 그것은 안다. 움직이고, 걷는다. 춤추는 걸음,
리드미컬하면서 거의 기계적인 마임의 걸음걸이. 그것은 사랑과

기쁨을 표현한다 ──그러나 그것은 자신을 너무 심각하게 받아들이지는 않는다. 그 안에서 유머와 열정을 만나는 발레──사물의 어떤 실재도 잃지 않으면서, 이 사물들이 자신의 모순 안에서 더이상 모순이 되지 않으면서. 한가로운 걸음. 무소르그스키 Mussorgsky의 『전시회의 그림 Pictures at an Exhibition』에는 유사한 어떤 것이 있다. 마지막 부분인 「키에프의 거대한 문 Great Gate of Kiev」. 사물들은 자신의 모습 그대로이다. 길은 길이다. 그러나 만물이 새롭다. 먼 곳에서 떠나 와, 다시는 반복할 수 없는 모습으로 자신을 드러내는 어떤 도시에 맨 처음 도착했을 때처럼.

1961·6·30

잔(Janheinz Jahn, *Muntu: An Outline of the New African Culture*, Translated by Marjorie Grene, Grove Press, New York, 1991)은, 왜 흑인이 "세계의 기술 문명을 위해 단순히 재료로서 봉사할 준비"가 되어있지 않은지를 명확히 설명해준다. "흑인 지식인들은 아프리카 전통에서 자신들에게 유효하게 보이는 것들을 보존하고, 현재의 현실 속에 집어넣고자 한다. 이들의 이상은 전통적 아프리카인이나 얼굴이 검은 유럽인이 아니라 근대적인 아프리카인이다. 그리고 이것은 검토되고, 다시 새로워지고, 그래서 이제 자신의 가치를 의식하는 전통 속에서 유럽의 요소들을 과제로 받아들이는 것을 의미한다." 필요한 프로그램은 그러므로 전통을 "합리적으로" 검토하는 것이다. 만일 아프리카 지식인들이, 파농 Fanon이 말하는 것처럼(*Peau noire, masques blancs*, Paris, 1952), 자신을 비합리주의자로 선언한다면, 이는 아프리카인을 "원시적"으로, 역사가 없는 인간으로 간주하도록 강제하는 용어들에 입각해 유럽인들이 이성이라는 개념을 그들에게 뒤집어씌우기 때문이다. 흑인은 "원시적"이 뜻하는 바를 이해하기 위해 노력해 왔으며, 아프리카 문명을 발견해 왔다. 단순히 몸과 분리된 이성의 문명이 아니라, 이성과 몸의 문명인 어떤 문명. 의미를 가지고 있다는 뜻에서 하나의 철학인 문명. 쟌: "실존에 생동감을 불어넣는 것… 이것은 세계의 의미를 새로이 명명하는 것을 가능하게 한다: 즉 내일의 보편적인 문명에 아프리카가 기여하게 될 무엇." 그리고 다시: "만일 서구 문명이 스스로를 검토해 본다면, 자신이 기술 시대에 있다는 것을 발견하기 때문에, 아프리카 문명의 파괴를 소망할 수 없게 된다. 그 반대로, 단순한 실용적인 목적이나 추상적인 무용성 無用性 대신에… 의미 sense and meaning가 다시 한번 강조되는 양식 말고는 어떤 것도 필요하지 않다."

전범주적이고 육체적인 기원에서, 예를 들면 리듬 속에서 과학적인 범주들의 의미를 발견하는 것은, 리듬이 있다면 육체적이고 경험적인 논리의 기원이 있다는 것을 의미하고, 또한 그러므로 합리적이고 학문적인 삶이라는 이상이, 인간성의 "새로운 학문"이라는 이상이 가능해짐을 의미한다. 여기에서 기술 技術은 상호주관적인 삶의 확장이다. 이 자신 안에서 흑인 문명의 진정한 의미를 발견하는 백인은 또한 유럽 문명의 진정한 의미를 발견하게 된다. 이것이 "합리주의," 주체와 몸을 대상화하지 않는 합리주의, 의미를 갖는 합리주의이다. 백인의 불편함은, 흑인에 대한 이해

결여가 곧 인간으로서의 자신에 대한 이해 결여라는 사실에 놓여
있는 것이다.

용어 해설

출전: Enzo Paci, *The Function of the Sciences and the Meaning of Man*, tr. Paul Piccone & James E. Hansen, Northwestern University Press, 1972, 451~468쪽.

배경 Background, *Hintergrund*

배경이란, 내가 현실적인 명증성 안에서 명확하게 지각하지 못하는 것이다. 그럼에도 불구하고, 그것은 비록 혼란스럽기는 하지만, 하나의 총체성으로 나에게 주어지며, 이 총체성으로부터 현실적인 actual 지각이 제1의 차원으로 전방에 등장한다. 한계지어진 현실적 지각은, 반드시 탐구되어야 하는 보다 넓은 지평 안에 언제나 포함되어 있다.

시작과 끝 Beginning and Ending

내가 일인칭으로 경험하는 것, 내가 직접 살아내는 모든 경험은 시작과 끝을 갖는다. "자아에 속하면서, 반성적으로 발견 가능한 모든 삶의 과정들은 시간적으로 순서가 있는 것으로, 시간적으로 시작과 끝을 지닌 것으로 나타날 수밖에 없다" [Husserl, *Cartesian Meditations: An Introduction to Phenomenology*, trans. Dorion Carins (The Hague: Nijhoff, 1960), 43쪽]. 이러한 사실은, 삶의 과정들이 본질적 양상들과 구조들에 따라 ── 비록 상대적이라고 하더라도── 서로 연결되는 것을 배제하는 것은 아니다.

191

존재 Being

후설에게 존재는 결코 완결된 하나의 의미를 갖지 않으며, 따라서 우리는 언제나 그것을 구성해야 한다. 의미와 지향성의 상실은, 진리를 존재와 동일시하려는 시도에서 기인한다. 그러므로 진리는 언제나 지향적이며, 결코 현실적 real이지 않다. 그것은 방향, 합리적 재현(형상), 한계짓는 개념, 그리고 과제이다. 지향적이며 참된 삶은 결코 그 자체로 있지 않다; 그것은 자신을 언제나 넘어가며, 그리고 역설적으로 자신이 향하고 있는 "끝"(목적, end)을 향해서, 그리고 그 안에서 스스로를 구성한다. 자신이 서 있는 곳, 그리고 자기 자신을 넘어서서 나아가는 곳에서 목표하고 움직이면서 스스로를 만들고 경험하는 것이다. 지향적 삶이 지향성으로 나타나는 것은 이러한 '이미 자신을 넘어서는 존재 being-already-beyond-itself' 안에서이다. 지향적 삶은 도약판에 있지 않으며, 도약 그 자체에, 도약해 가는 방향에 있다. 후설적인 의미에서 진리는 목적지이다. 하이데거가 존재로 "되돌아가고자" 하는 반면에, 후설은 진리의 의미에 따라 세계를 변형하고자 한다.

손 안에 있음 Being-at-hand

이것은 직접적인 유용성(손 안에 있음 *Vorhandenheit*)이라는 양상이다. 그러나 비록 이 유용성이 명백하고 완결된 것으로 보인다 하더라도, 하나의 의미에 따라 자신의 부분과 연결되지도 질서 잡혀 있지도 않다. 에포케가 이 '손 안에 있음'을 괄호 치면, 사물은 어떤 것을 위해 유용하게 되고, 어떤 합리적 기획에 따라 통일적인 목적을 위해 유용하게 된다.

원인 Cause

원인은 범주이기 이전에 [우리가] 살아낸 경험이다. "원인"이라는 범주는 결정하는 작업수행에 의해 과학적이고 범주적으로 구성되고 기초된다——이 작업수행을 통해 주체는 모든 일련의 인과적 의존성을 경험한다. 그러므로 후설에게는 사물들을 결정적인 방식으로 연결하는 전 前범주적 인과성이 있다. 이러한 연결들이 환경성을 낳는다. 사물이 다른 사물에 둘러싸인 한에서, 그 사물은 근원적이라고(근원사태Ursache) 말할 수 있다. 주체 또는 인간의 실재 살아있는 몸은, 국소화하는 장 場(Lokalisationsfeld) 내부에서 하나의 사물로서 국소화되고, 따라서 전범주적 인과성에 대한 주체이기도 하다.

코기토 Cogito

후설의 코기토를 데카르트의 공리적인 나는 생각한다 ego cogito 또는 사유하는 존재 res cogitans와 혼동해서는 안 된다. 다음과 같은 것이 코기토(또는 초월적 영역)의 세계 안에 있다.

내 의식의 다양하며 표류하는 자발성의 복잡한 형태들이 관계된 채 있다는 것이 그러하다: 기술 記述을 통해 의미를 개념적 형태로 옮기는 것을 탐구의 관심을 지니고 관찰하는 것; 간단히 말해서 상이한 형태와 단계들에서, 의식의 비교하고 구별하는 활동, 모으고 숫자 세는 활동, 가정하고 추론하는 활동, 이론화하는 활동. 이와 마찬가지로 감정과 의지의 여러 종류의 행위와 상태들도 그것에 관계되어 있다: 동의와 반대, 기쁨과 슬픔, 갈망과 혐오, 희망과 두려움, 결정과 행동. 이 모든 것은, 자아의 온전한 행위들——이 세계를 향해 돌아서고 이

세계를 붙잡으려는 자발적인 경향성을 통해서 나에게 무매개적으로
주어지는 세계에 내가 친숙해지는 것은 이러한 자아의 행위들 안에서
이다——과 함께 단 하나의 데카르트식 표현 아래 포함된다: 코기토.
[Husserl, *Ideas: General Introduction to Pure Phenomenology*, trans. W. R. Boyce Gibson
(New York: Humanities Press, 1931), 103~4쪽]

코기토는 살아가는 현존, 즉 근원적인 주어짐 속에서, 전형성과
본질성 안에서, 지향적 의미 안에서 (우리가) 살아낸 것들을 경험
하고 작업수행하는 현존이다.

구체적 모나드 Concrete Monad

자아는 언제나 이미 세계 안에 있고, 영혼과 실재 몸 *Leib*으로 구성
되는 한에서, 자아는 언제나 구체적 모나드이다. 구체적 모나드는
이러한 것으로 남아 있으면서, 스스로를 초월적 주관성으로 발견
하고, 모든 구성적이며 기초를 놓는 작업수행 안에서 자신과 다른
모나드들을 탐구할 수 있다. 구체적 모나드는 언제나 세계를 경험
하며, 따라서 환경 안에서 그리고 "환경세계" 안에서 살아간다.
상호간의 구성은 상호주관적인 관계 안에 상호모나드적인 환경
세계를 낳는다. 상호주관적 구성은, 이것이 "모든 이들을 향해
거기 있는 *Für-jedermann-da*"것의 경험인 한에서, 사회와 문화라는
세계를 가능케 한다(Husserl, *Cartesian Meditations*, 92쪽).

의식 Consciousness

의식 그 자체는 지향적이고 관계적이다. 의식은 언제나 자신을
넘어 지향하는 바를 향해 나아간다. 그리고 이렇게 하면서, 현존

의 반영으로서 의식은 의식 대상인 현존에 진리 의미를 부여한다. 자아가 스스로와 맺는 관계로서 의식은 과거를 포착하는데, 이것은 현재에서 목적(텔로스)에 따라 과거를 다시 새롭게 하고, 과거를 살아내고, 과거를 변형하는 의미로서 미래를 지향하기 위한 것이다. 의식은 다음과 같은 점에서 "절대적"이다. 오직 의식이 에포케 이후에 의미를 발견한다는 점에서, 즉 "의미가 발생하는 장 *Feld der Sinngebung*"이라는 점에서 그러하다(Husserl, *Ideas*, 165쪽 참조).

구성 Constitution

구성은 창작이 아니다. 구성은 판단중지인 에포케를 전제한다. 판단중지 이후, 나는 사물과 세계, 그리고 타자들이 어떻게 나에게 주어지고 구성되는지 발견해야 한다. "객체 구성은, 주관성을 인지하면서 살아내는 경험들의 체계를 지시하는 하나의 표제이다"(manuscript B I 33, 7쪽). 구성은 사물들이 내 주위에서 어떻게 형성되는가를 보는 것이다. 현실적 실존과 이것의 작업수행들에서 출발하여 경험의 발생을 발견한다면, 경험이 구성된다. 만일 범주나 습관이 과거에 구성되었다면, 그 발생은 내가 회상 안에 현존케 하는——그러므로 지금은 과거가 되어버린 그 현재에 있었던 것으로서 그것을 다시 살아내면서——과거의 현존의 집합체에서 출발한다.

사물 구성 Constitution of Things

사물은 완결된 자료가 아니다; 그것은 나의 모든 감각 경험, 지각

관계, 그리고 가설과 검증간의 변증법 안에서 형성된다. 따라서 사물은 하나의 주제, 즉 세계 지평 안에서 사물 지평이 만들어내는 앞으로 나아가는 자기 함축 self-implication라는 움직임 안에 있는 하나의 지평인 것이다. 사물의 역동적인 자기 구성(형상, 색, 그리고 소리)은 사물을 의미로 변형하는 것을 가능케 한다.

감정이입 Empathy, *Einfühlung*

에포케 수행 이후, 자아와 자아의 초월적 영역으로 돌아왔을 때, 자아가 어떻게 다른 자아를 구성하는지를 보아야만 한다. 타자를 구성하기 위해서는, 나는 내 자신의 것을 인식하면서 시작해야 한다(고유한 속성으로의 환원). [여기에서 *proprio*의 어원학상의 기원이 중요하다. "고유한 속성 property"과 "전유하다 appropriate"는 여기에서 긴밀하게 연결되어 있다.—저자] 예를 들어, 나는 내 몸에서 시작해야 하고, 나는 내 몸이 나에게 속해 있는 같은 방식대로 또다른 주체에게 속해 있는 몸과 내 몸을 구별한다. 그러므로 타자의 주체를 구성하기 위해서는, 나는 내 몸에서 출발하여 타자의 몸을 느껴야 한다. 이러한 "타자를 느낌," 즉 일종의 "내적 동일화"인 감정적인 침투를 감정이입(테오도르 립스 Theodor Lipps에게서 유래한 말)이라 한다. 내가 타인의 몸을 지각하고, 내 몸을 내가 살아있다고 지각하는 것처럼 타인의 몸을 살아있다고 보기 때문에, 타인이 나의 것과 유사한 주관성(유사한 통각)에서 출발하여 세계를 발견하는 점이 나에게 드러난다.

그러므로, 타인은 나에게 타자로서 현존한다. "타인을 내가 간접 제시 appresentation하는 것은 타인들의 근원적인 자가-제시이다"(manuscript A V. 10/2, 155쪽).

에포케 *Epochē*

글자 뜻 그대로 에포케는 "판단중지"를 뜻한다. 나의 근원적인 경험 속에서 나에게 주어지지 않은 것은 "괄호 쳐야" 한다. 에포케 이전에는 모든 것이 "명백하다 obvious." 에포케 이후에는, 명백했던 모든 것이 문제시되고, 나의 모든 행위는 내가 직접적으로 수행하는 작업수행에서 출발함으로서, 그리고 명증성에서 출발함으로서, 발생론적으로 해명되어야 한다. 발생론적 해명은 명백하면서도 편견으로 가려진 것을 현상으로 변형시키고, 주체의 구체적 작업수행에서 출발하여 세계를 구성한다. [obvious와 clear/clarifiable은 구별된다. 위의 설명대로 전자는 일견 분명해 보이긴 하지만 일상적인 선입견으로 감싸인 것을 의미한다.]

체험 *Erlebnis*

체험은 [우리가] "살아내는" 모든 경험이다. 이것은 느낌, 지각, 그리고 지향함의 다양한 양상들로 향하면서 현존한다.

명증성 Evidence

명증성은 직접적이고 필증적인 방식으로, 즉 그것이 그렇게 있는 모습과는 다를 수 없는 것으로 경험된 어떤 것이다. 명증성은 그 자체로 "지향적 삶의 근원적인 현상"이다. 그것은 적절하거나 또는 그렇지 않고, 가설적이거나 또는 검증된 것일 것이다. 부정적인 의미에서, 그것은 상징적인, 연역된, 예언된, 또는 목격되지 않은 것의 반대말이다. 그것은 모든 담론이 지시하는 근원적인 의미 구조이다. 명증성은 스스로를 발견하는 현존으로 간주될 수 있다. 일차적인 현상으로서, 그것은 한계지워져 있고 중심 내에서 유한하지만, 그러나 또한 아직 존재하지는 않지만 드러날 수 있는 것을 핵 안에 내포하고 있다. "의미 구조 *Sinngebung*"로서, 명증성은 진리 의미의 자기 증명이며, 따라서 현존에 함축된 지향적 지평의 자기 증명이다.

사실성 Factuality

사실적인 것은 더 이상의 변경이나 환원이 불가능한 모습으로 나타난다. 사태 그 자체는 사실적이다. "그렇게 있는 존재 Being-as-such, *Sosein*" 또한 사실적이다. 예를 들면 붉다, 저항력이 있다, [어떤 원인에 의해] 유발되었다, 또는 실재적이지 않다, 등 등. 주체도 일인칭 시점에서 경험된다는 점에서 하나의 사물이다 (Husserl, *Ideas*, 52 및 64쪽 참조). 그러나 후설에게 모든 사실은 전형적이라는 것, 즉 그 전형의 모든 사실들의 지표 index라는 것을 결코 잊어서는 안 된다. 그러므로 그 전형성은 어떠한 사실의 본질이다——이때, 이 사실은 환원될 수 없는 것으로서, 또는 근본적이고 기초를 놓는 작업수행으로 환원될 수 있는 작업수행들의 결과로서 시간상에 나타난다.

기능하는 삶 Functioning Life

"원천적으로 기능하는" 기원성은 내 자아의 기능과 작업수행이다 ——이때 이 자아는 자아라는 범주나 단어 또는 이론이 아니라(능동적인 의미에서라 하더라도), 아직 분석되지 않았으며 완전하게 이해되지 않은 내 상황 안에서의 사실적 구체성으로서 이해되는 자아를 말한다. 내가 이것을 알지 못하고, 또 생리학이나 심리학에 무지하다 하더라도, 나는 생리적이며 심리적으로 살아간다. 나의 기능하는 삶에서 나는 부분으로서 전체와 연결되어 있으며, 그리고 기능하는 삶은 스스로를 반성하면서 발견과 드러냄이라는 요구와 명료화로서 언제나 나에게 다시 모습을 드러낸다. 즉 무의식적이고 감추어진 것으로 머물러 있는 것을 현상으로 바꾸고 현상학적으로 분석하려는 요구 말이다. 나의 기능하는 삶과 그 양상들을 분석함으로써, 나는 세계, 세계의 침묵과 감추어진 기능, 세계의 인과적 조건과 동기부여된 연쇄들, 세계의 수동성, 그리고 세계의 자유를 분석한다. 삶은 시간 안에서 기능하며 시간 안에서 반성한다. 반성은 하나의 시간화이며, 계속되는 발견, 그리고 계속되는 의미 인지라는 점을 명심해야 한다.

뒤러의 기수(1513년의 동판화에서) Horseman of Dürer
후설에게, 이것은 진리의 의미를 위한 투쟁, 그러므로 변증법이라는 목적론적이며 총체화하려는 이념에 입각해 시간과 역사를 변형하려는 투쟁의 상징이다. 죽음과 악(즉 물신주의와 우상숭배)이 자신을 유혹하도록 내버려두지 않은 채 그는 계속해 나아가야만 했다; 그렇게 하지 않는다면, 진리는 획득된 것, 그리고 현실에 부합하는 것으로 간주될 것이다. 진리는, 그 반대로, 현실의 의미이다(Husserl, *Ideas*, 311쪽 참조).

나는 할 수 있다 I-Can

자아는 단순히 반영이나 분리된 의식 res cogitans이 아니다; 그것은 또한 [무엇을] 할 수 있고, 만들 수 있는 '나'이다. 그것은 순수한 가능성이 결코 아니며, 언제나 [무엇의] 결과인 가능성이다. 그것은 조건지워져 있고 동기부여된 것이다. 이는 그것[자아]이 그 동일한 수동성을 활용함으로써 수동성을 물리치고 행동할 수 있는 시간적 현존이라고 말하는 것과 동일하다. '나는 할 수 있다'는 "나는 언제나 다시 할 수 있다 *Ich kann immer wieder*"이다(Husserl, *Cartesian Meditations*, 60쪽 참조.).

비유기체적 신체 Inorganic Body, *Körper*

이것은 주체에게 저항과 장애물로 현존하는, 활력이 없는 외면적인 신체이다: 나는 내 자신으로서 살아가는데, 몸으로서 뿐만 아니라 활력이 없는 신체로서도 그러하다. 한편으로, 비유기체적 신체는 활력 없는 노동 실천을 가능케 한다(사르트르). 다른 한편으로는, 자연과 지구라는 행성은 나의 비유기체적 신체로서 나에게 현존한다(맑스). 비유기체적 신체는 외부의 몸(다른 주체에 대한 또 하나의 주체의 몸)과 밀접한 관계에 있을 수밖에 없다. 내 자신의 몸과 외부의 몸의 변증법은 감정이입이라는 만남뿐만 아니라, 소외 또한 가능케 한다.

지향성 Intentionality

지향성은 주체가 어떤 것의 의식, 지각, 그리고 경험으로서 나아갈 때, 그 방향의 모든 것이다. 만일 주체가 코기토 *cogito*로서 명명된다면, 의식작용 *cogitata*은 주체가 지향하는 주제들이다. 지향적 작업수행이 수행되는 방법에 따라, 지향된 것은 실재적이고, 가능하고, 환상적이고, 이상적인, 등등일 수 있다. 주체가 다른 주체를 하나의 주체로서 지향하는 한에서, 지향적 작업수행은, 구체적인 모나드로 형성되었기 때문에 구체적인 상호주관성을 구성한다. 그러나 이것은 주체들의 사회를 구성하는 것을 거냥하는 한에서 목적론적이다. 지향성은 현존에서 출발하여, 현존을 넘어 목표하고, 따라서 과거를 다시 붙잡고 미래를 향해 나아간다. 이것은 시간 안에 놓인, 시간적 경험 흐름의 의식 *Erlebnisstorm*이다. 전형적인 작업수행이(그리고 전형적인 본질이) 흐름 안에서 새롭게 현존하는 한에서, 지향성은 목적론적 의미를 향해 거냥하며, 진리 의미를 시간적이고 역사적으로 실현하는 지향적 과제를 거냥한다. 또한 반면 그것은 영속적인 것을 구성한다.

상호주관성 Intersubjectivity

감정이입과 타인과의 만남(짝짓기)이라는 용어에서, 상호주관적 삶은 시간상의 동시성 안에서 구성되며, 그리고 궁극적으로는 현재와 과거의 관계 안에서, 발생이 계속되는 연쇄 안에서 구성된다. 각 주체는 타인의 실존을 함축하며 주체들의 교섭 또는 공동존재를 구성한다. 이 공동존재는 시간상에서 형성되기 때문에, 본질적으로 역사적 성격을 지니고 있다. 역사는 각 주체 안에서, 그리고 주체들간의 만남과 충돌 안에서 구성된다. 모든 이는 자신의 경험을 갖지만, 그러나 "우리의 것"이라 부르는 공통 경험에 따라 산다. 만남과 충돌의 결과는 실천의 의지와 방향에 의존한다.

우리는 다수의 지각 가능한 주체들이지만, 우리가 의사소통하는 한에서, 우리 모두의 의미가 모든 각자의 주체에게 이바지한다. 각자가 모두의 그러한 의미들로 구성된 세계 앞에서 자신을 발견하는 방식으로, 그리고 이러한 관점에서 자신이 모든 이들과 마찬가지로 같은 세계를 경험함을 아는 방식으로 그러하다. 유일무이한 주체와 상관관계에 있는 집합적 세계가 있는 듯이 말이다(manuscript F I 33, 126쪽).

후설의 주체가 앞서 지시된 의미에서 "유일무이"하다는 점을 잊어서는 안 된다.

비가역성 Irreversibility

열역학 제2법칙(카르노의 원리)에 따르면, 기계의 생산 능력은 에너지원과 냉각기의 온도차에 달려있다. 클라우시우스 Clausius의 가설에 입각해, 열은 보상이라는 적절한 현상과 일 없이는 더 차가운 물체에서 더 뜨거운 물체로 이동할 수 없다는 것을 이 원리는 주장한다. 그러므로 고립된 시스템에서 발생하는 결과는 비가역적인 열역학적 변형이다. 다른 말로 하자면, 에너지가 소비되며, 에너지의 보상을 엔트로피라는 말이 나타낸다. 비가역성은 우주 전체를 지배하며 사실에 있어 반복을 불가능케 한다. 열역학 제2법칙은 시간적 비가역성의 상호주관적이며 측정가능한 증명을 우리에게 제공한다. 이 모든 것이 범주적 차원에서 유효하며, 이 차원에서는 수학적 이상화를 통해 반복이 형식적으로 가능하게 되는 방식으로 열역학 제2법칙을 제시하는 것이 용인된다. 현상학적으로, 그러나 비가역성은 하나의 사실이다: 시간상에서 실제로 되돌아가는 것, 필요욕구와 소비를 부정하는 것은 불가능하다.

전범주적 차원에서, 소비는 "살아내는" 어떤 것이며, 하나의 필연
이다. 마치 우리가 지금까지 살아온 바로 그것을 다시 살아갈 수
없듯이 말이다.

운동감각 Kinesthesis

사물이 우리 구체적이고 신체적인 자아와 그 움직임에 나타나는
방식을 지각함에는 언제나 진화와 변화가 존재한다. 세계가 주체
(그리고 주체들)에 나타나는 방법은 운동감각에 대한 현상학적
분석의 영역이다. 이러한 운동감각에서, 모나드는 자신의 다이내
미즘 dynamism과 실천 안에서 자신을 드러낸다. 또한 자신을 둘러
싼 자연 안에서, 일반적으로는 세계 안에서 운동하고 행위하는
또다른 모나드들의 실천과 관련하는 자신의 실천의 의미 안에서
자신을 드러낸다. 운동감각의 현상학은 몸과 그 기관들의 현실적
인 기능적 성격과 관련하여 감각을 분석하는 것이다. 실재 몸이라
는 일인칭 시점의 실제적인 신체성은 기능하는 신체성이다.

생활세계 Life-world, *Lebenswelt*

생활세계는 모든 학문적이고 철학적인 범주에 선행하는 근원적
인 경험이다. 생활세계는 관계적임에도 불구하고, 토대구조를 가
지고 있다. 이것이 생활세계의 학문을 가능케 하며, 시공간적이고
인과적인 환경 안에서 이루어지는 주체들의 지각과 작업수행들
로 환원가능케 한다. 공간, 시간, 인과성을 수단으로, 공간적 경험
을 그 양상들과 함께, 시간적 경험함을 현존의 변형들과 함께 이해
해야 하고, 그리고 모든 인과적 학문 범주들이 기초하고 있는 전범

주적 인과적 경험함을 이해해야 한다. 후설은 또한 생활세계를 경험의 세계 *Erfahrungswelt*라 지칭한다.

세계 상실 Loss of the World, *Weltverlorenheit*

인간은 선입견 또는 탐구되지 않은 명백함 obviousness의 죄수인 한, 세계 안에서 길을 잃는다(또는 상실된다). 세속적인 것으로부터의 해방은 에포케를 통해서 그리고 의식적으로 되어감으로써 가능하다. 우리를 주체로 되돌리기 위해 후설이 세계 무화 *Weltvernichtung*를 말할 때에는, "세계"라는 말로 그는 고려의 대상이 되어서는 안 되는 세속적인 것 그리고 그 세속의 선입견들과 명백함을 의미하는 것이다.

유물론 Materialism

유물론의 문제는 무의식적이며 외부적인 경험이라는 문제와 연결되어 있다. 내부는 외부와 혼동되어서는 안 된다. 외부적인 것은 주체를 수동적이게 하고, 주체를 조건지우고, 주체를 인과성과 필요욕구에 묶는 경험의 직접적 양태로서 등장한다. 필요욕구의 경험, 그리고 필요욕구와 만족간의 관계는 다음과 같이 간주될 수 있다. 정치경제학의 전범주적인 구조, 즉 학문으로서 정치경제학이라는 영역 존재론을 구성하는 것으로 말이다.

물질 또는 질료 Matter or *Hyle*

주체는 물질 안에서 살아가며, 물질의 경험은 그의 기본 경험이다. 동물적이고 정신적인 세계는 이 기초 위에서 구성된다. 세 개의 영역들——물질, 동물, 정신——은 각각 다른 하나에 들어가 싸여 있다: 세 번째는 두 번째 없이 가능하지 않고, 두 번째는 첫 번째 없이 가능하지 않다. 이 영역들은 생활세계로 이해되는 근원적이고 전범주적인 경험 안에서 통합되어 있다. 이러한 "일차적" 경험에 대한 학문은 전형적이고 특정한 측면들을 연구한다(수학, 물리학, 생물학 등등의 세계). 생활세계로부터 도출되는 작업수행들로 범주 안에 기초하는 이러한 측면들은 영역들, 즉 **영역 존재론들**을 낳는다. 생활세계는, 물질적이고 근원적인 경험과 함께, 영역들과 영역 존재론들의 기원점 *Quellpunkt der Ontologien*이다. 근원적인 물질적 사물(근원사태)과 실재 몸으로서, 그리고 이것들이 감각기관들의 기관으로서 기능하면서, 주체는 구성 작용들의 중심이다. **물질** 존재론들(예를 들면, 물리학이 연구하는 물체들)과 **형식** 존재론들(형식 논리학) 양자의 기원은 논리적 판단들에 기초하고 있다.

의미 Meaning

의미는 그릇된 외관과 선입견에서 벗어나, 그것을 내 것으로 재발견하고, 내 안에, 타인들 안에, 그리고 인간성 안에 그것이 기원을 가지고 있음을 재발견하는 어떤 것이다. 의미는 베일을 벗겨낸 것이다. 그것은 숨겨진 것으로부터 명확해진 것이며, [강제로] 부과된 것이 아니라 자율적인 내 자신이 살아내는 중요한 방향을 지니는 것이다. 의미 상실은 지향성의 상실이며, 이러한 상실에서 만물은 동등해져 버린다(진리는 오류와, 좋음은 나쁨과, 현실은 환상과, 등등이 같다). 내가 사물들을 세속적인 회의주의에서 제외하고, 에포케를 통해 사물이 위장 pretend하고 있는 것을 괄호침으로써 사물들을 현상으로 변형(현상학적 환원)할 때에만, 사물들은 의미를 획득한다. 밝혀진 사물, 즉 현상은 자신의 내부 고유의 형상 *Gehalt*, 내용 *Inhalt*, 그리고 기원 *Ursprung* 안에서 자신을 제공하며, 이것은 차례로 목적 *telos*을 밝혀준다.

의미 구조 Meaning-Structure, *Sinngebung*

모든 범주, 기술, 그리고 추상은——이것이 구축되고 기초하는 전과학적인 구체적 작업수행에 기원하는 한——의미를 갖는다. 만일 그 토대가 망각되면, 앞서 말한 것으로서 유효한 추상은 구체성을 대신하게 되고 의미 구조를 상실한다. 우리가 고립된 추상에서 떠나 근원적인 경험에 기초하고 있는 작업수행들의 기원으로 되돌아간다면, 이것[기원]이 의미 구조로서 나타남을 발견하게 된다.

예상 Memorative Anticipation, *Vorerinnerung*

이것은 미래를 향해 있는 현존의 한 변양이며, 과거를 향해 있는 회상과는 나란히 놓여 있는 것 parallel이다. 미래를 예상함은 미래로 투사하는 것이 아니다. 오히려, 미래를 실재적인 것으로, 이미 과거에 일어났던 것처럼 기획과 실천과의 관련 속에서 생각하고 상상하는 것이다. 현재로부터 그리고 현재 속에서 자아가 이미 어떤 미래를 가지고 있다는 점에서 자아는 스스로 미래를 만든다. 예상은 언제나 하나의 가정이지만, 그러나 이것이 행해질지 아닐지 우린 알지 못한다. 근본적으로 이것은 "일어날 수도 있는 것,

우리가 기대해 보는 것의 이미지를 대충 그리는 사전-형태배치작업 prefiguration이다"(manuscript C 4, 5쪽 참조). 미래를 미리 형태 그리는 것은 현재와 과거의 구속에 묶여 있으며, 인과성과 조건지음에 긴밀하게 연결되어 있을 뿐만 아니라, 수단과 목적간의 관계에도 연결되어 있다.

개체 발생, 계통 발생 Ontogenesis, Phylogenesis

메켈 Meckel이 제안하고 해켈 Haeckel이 정교하게 했던 가설에 따르면, 개체는 자신의 발생적 발전(개체 발생) 안에 종의 발전 단계들(계통 발생)을 포함한다. 후설은 이 가설을 알긴 했지만 틀림없는 진리 법칙으로 생각하지는 않았다. 그럼에도 그는 발생론적 연쇄 안에서 모든 개체가 자신의 부모와의 관련을 맺으며 시작점에서 출발한다는 점을 보여주기 위해 이 두 용어("개체 발생"과 "계통 발생")를 사용했다.

기원, 근원적인/원형적인 Origin, Original

후설에게 근원적인 것은, 의식으로 뿐만 아니라 구체적 모나드로 간주되는 일인칭 주체의 경험에서 유래하는 모든 것이다. 그러므로 우리는 근원적인 감각, 근원적인 지각 등등을 말할 수 있다. 주체는 자신의 현존 안에서 현존의 변형들을 발견하며, 따라서 주체는 물질을 과거에 놓인 자신의 기원과 같은 것으로 발견한다. 후자의 경우, 근원적이라는 용어는 발생론적이고, 시간적인, 그리고 역사적인 중요성을 획득한다.

수동적 구성 Passive Constitution

모나드는 절대적으로 자유로운 것이 아니다. 역사적 시간이 이것을 형성하고 이것에 원인이 되었으며, 앞서 주어진 세계의 전범주적 인과 구조가 이것을 조건짓는다. 인과성과 조건지음은 결코 어떤 이론이나 범주가 아닌 구체적인 자유를 허용한다; 그보다는, 자유로운 것은 합리적 방향에 따라, 즉 진리 의미에 따라 능동적 상황 안에서 작업수행하는 것이다. 그 시작에서부터 그것은 발생적 연쇄에 묶여 있다. 그것이 필요욕구에, 물질의 저항력과 외부성이라는 경험에, 그리고 작업하는데 물질이 요구하는 노력에 묶여 있는 것처럼 말이다. 신체적 공간성과 미학적 경험들은 감정이입을 통해 우리를 타인과 결합하지만, 그러나 구체적 개인을 소멸할지도 모를 완전한 이해나 동일화를 나에게 허용하진 않는다. 수동적 발생의 근본적 목격은, 일인칭의 삶이라는 모든 살아있는 현존이 언제나 세대를 계속해 전해진다는 사실이다. 또한, 지각의 내용은, 내가 그것을 창작하는 것이 아니라, 오히려 나에게 주어진 대로 그것을 받아들인다는 점에서, 수동적이다.

휴지 休止 Pause

휴지는 잠, 기절, 그리고 극단적인 경우 죽음으로 지각과 현존을 상실하는 것이다. 현실적인 실존에서부터 이것의 변형들에 이르기까지, 중단되지 않는 선형성이란 없으며, 오히려 시작과 끝을 갖는 한 개체에 연결된 불연속이 존재한다.

실천 Praxis

행동은 무엇보다 몸의 모든 지각 기능이다. 행동은 스스로를 공간과 시간에 놓거나 또는 떼어내는 것을 의미한다. 실천은 언제나 현재에서 과거와 미래와의 연관 속에서 일어나며, 수단-목적 관계에 놓여 있다. 실천은 물질의 저항력과 만나고 인과성에 의존하므로, 행동은 필요욕구에 의해 조건지워지는 것과 마찬가지로 수동적으로 조건지워진다. 활력 없는 실천은 몸의 행동하는 수동적인 방식이다. 실천이 시간적이고 역사적 상황 안에 뿌리박고 있는 한, 실천은 주체의 능력이며 필요욕구-만족과 수단-목적 관계에서뿐만 아니라, 관심과 무관심간의 변증법 안에서도(또한 그러므로 연속, 불연속, 그리고 개체화와 관련해서, 깨어있거나 또는 잠든 주체와의 관련 속에서도) 나타난다. 실천은 ——"세계를 수동적으로 소유함"에서 텔로스에 따라 행동하는 현존으로 변형되는 —— 수동적 발생을 전제한다. 후설에게 실천의 장은 역사적으로 생성 과정에 있는 세계이다. 실천은 만일 특히 변증법적 대조 속에서 진리의 의미에 의해 인도되지 않는다면, 자신의 의미를 상실하고 만다.

현존 Presence

현존하는 것은 지금 현실화된 상태로 직접적으로 경험되는 것이다. 내가 그것을 느끼고, 지각하고, 생각하고, 꿈꾸는 그러한 것으로 내가 느끼고, 생각하고, 지각하고, 또는 꿈꾸는 것은 일인칭인 나에게 현존하는 것이다. 무엇보다 현존은 필증적 apodictic인 동시에, 그것이 어떤 철학이나 과학적 이론과는 무관하게 지금 모습과 다를 수 없는 명증성이다. 어떤 것이 있는 그대로의 현존을 붙잡기 위해서는, 우리는 모든 선입견으로부터 자유로워져야 하며, 사물 자체를 살과 피를 가진 채 주어진 것 *Leibhaft*으로서 기술할 수 있어야 한다. 각 주체의 중심적인 경험은 음영들 *Abschattungen*로 둘러싸인 핵 *Kern*이다. 그것은 전체와 전체의 지평을 포함하는 부분이며, 그러나 오직 부분으로서만 나타나는 부분이다. 현존은 근원적이며, 발생을 주체성임과 동시에 막 지나쳐 간 현존 안에서의 시작으로서 받아들임으로써 모든 발생은 이 현존에서 시작한다. 현존이 근원적이고 기초를 놓는 것인 한에서(그리고 모든 것이 근원적인 경험에 의해 기초지워지는 한에서), 살아있는 현존(또는 생생한 현재 *lebendige Gegenwart*)이라고 말할 수 있다. 근원적인 현존 *Urpräsenz*은 자신 안에 과거를 현존하게 하고——즉 현전화 presentify ——미래에 귀기울이고 미래를 예상한다. 타인을 현존하게 *Appräsenz* 하고 타인과의 공통 현존 *Kompräsenz*을 구성하는 것과 같은 방식으로 말이다. 후자는 감정이입에 의존한다.

현전화 Presentification, *Vergegenwärtigung*

현전화는 잊혀진 것을 내가 현존케 하는 작업수행이다. 예를 들자면, 나는 내 인생의 과거 한 기간을 현전케 할 수 있고, 또는 타인에 관해서는, 직접적인 근원적 지식, 현실적인 현전화 *Gegenwärtigung*로 변형할 수 있는 간접적 지식을 현전케 할 수 있다. 현전화는 내가 내 현존 안에서 다른 현존을 경험하는 매순간 발생한다. 내가 타인의 현존에 가까이 다가서기 위해 내 현존으로부터 내 자신을 제거한다는 점에서, 나는 내 안에서 탈–현전화 *Ent-gegenwärtigung*를 수행한다.

탈-현전화 안에서, 나는 타인을 향해 다가서며, 나 자신을 타인과 짝짓고 *Paarung*, 그리고 상호주관성과 사회성을 구성하기 시작한다. 내 자신을 현재에서 떼어냄으로써 내 인생에서 이전에 내가 어떠했었는지를 기억하고, 그리고 그 다음엔 이 떼어냄으로부터 내가 종합(현재)에 되돌아가는 것처럼, 내가 나 자신 밖으로 나아갈 때까지 나 자신을 떠나 분리됨으로써 나는 타인을 발견한다. 내가 종합(현재)에 되돌아갈 때, 나는 내 자신을 상호주관성 안에서 재발견한다.

미래지향 Protention

미래지향은 현존의 한 양상이다. 미래와 관련하여, 이것은 과거지향과 평행하며, 이 과거지향은 정반대로 과거와 관련한다. 미래지향은 스스로를 앞으로 내뻗으며, 예상하며, 가정하는 것이다. 어떤 하나의 소리를 들을 때, 나는 다른 소리가 뒤따를 것을, 또는 어떤 화음으로 변할 것을 예상한다. 자신을 미래지향한다는 것은 이제 막 일어나려 하는 일을 향해 [마음을] 쏟는 것을 의미한다. 미래지향이라는 양상 안에서는 이제 막 일어나려 하는, 그리고 그러리라고 내가 예상하는 것이 [현재] 일어나는 것으로 계속해서 변형된다. 마치 과거지향에서는 [현재] 일어나는 것이 방금 전에 일어난 것으로 계속해서 변형되듯이 말이다.

미래지향과 과거지향은 연결되어 있다. 지금 현재는 방금 전에 미래였던 것의 실현이며, 그리고 이것은 이렇게 실현되면서 이제 막 지나쳐간 어떤 것이 된다. [protention과 retention은 각각 '예지'

와 '파지'라고 번역하기도 한다. 여기에서는 좀더 일상용어에 가깝게 번역하고자 위의 용어를 선택했다. '지향하다'라고 번역하는 intend는 말 그대로 어딘가를 향해 뻗는 것 tend이며, 미래지향과 과거지향은 각각 시간상 앞으로 pro, 뒤로 re 뻗는 것을 의미한다.]

실재 實在 또는 살아있는 몸 Real or Live Body, *Leib*

실재 몸은 내가 나의 것으로 살아가는 한(타인의 몸은 나의 것이 아닌 반면) 살아있는 유기적 몸이다. 실재 몸은 공간적 경험의 준거점이다. 그것은 [내가] 살아내는 공간(즉 직접적으로 지각되는 공간)의 원점 *Nullpunkt*이다. 또한 주위 환경(환경세계)으로 투입되는, 그리고 인과적 전범주적 세계 속으로 투입되는 지점이다. 이러한 투입은 내부와 외부의 상호 투입의 교차 지점 *Umschlagspunkt*이 되는 방식으로 심리학적 인과성을 낳는다.

재검토, 되물음 Reconsideration, *Rückfrage*

되물음은 진리 의미에 의해 인도되는 미래로 향해있는 실천을 위해, 현실적인 역사적 현실 안에서 내가 과거를 끊임없이 새롭게 반성하는 작업수행이다. 되물음은 또한 끊임없는 수정과 갱신이다. 이것은 근원적인 존재로 "되돌아감"이 아니다 —— 여기에서 "존재"란 현존과 주체와 관련하여 형이상학적으로 근원적인 어떤 것을 의미한다. 후설의 되물음은 역사적 과정 안에서 현존에 의해 끊임없이 새롭게 정초된다. 되물음을 "존재로 되돌아감"으로 해석하는 것은, 후설이 하이데거의 특징으로 언급했던 "태생적인 학문성의 결여"에 기인한다.

환원 Reduction

일반적으로 말해서, 환원은 모호한 것을 판명한 것으로, 선입견으로 감추어진 것을 현상으로서 주어지고 드러나는 것으로 변형하는 것이다. **현상학적 환원**은 에포케 즉 판단중지를 전제한다. 현상인 한에서, 드러난 것은 본질적이고 형상적이다. 본질 직관은 매 현상의 전형적 형상을 직관하는 것이다(**형상적 환원**). 현상의 형상은 그것을 근거짓는 작업수행들에 의해 구성되며, 이 작업수행들은 일인칭 주체의 작업수행, 즉 일인칭에서 경험하는 구체적인 개체의 자아와 **모든 자아**의 작업수행이다. 이러한 의미에서, 이것은 초월적 자아로의 환원이며, **초월적 환원**이라 명명할 수 있다. 그리고 이것은 결과적으로 생활세계로의 환원이 된다. 고유하게 자아인 것으로 환원함은 **다른** 주체를 인식함을 가능케 하고, 따라서 상호주관성의 토대를 가능케 한다.

반성[반영] Reflection

반성은 현실적 현재 안의 생성-의식이며, 이 때 이것은 앞선 세계를 반성으로 귀속시킨다. 우리가 반성적으로 세계를 살아간다면, 우리의 관심은 변화하며, 그리고 합리적 텔로스에 따라서 세계를 변형하려고 결정한다는 뜻에서 어떤 의미를 목표한다. 현상학은 반성을 통한 주어진 세계의 자기-전개이며, 세계가 **어떻게** 유효한지 그리고 어떻게 우리에게 유효할 수 있는지를 다루는 연구이다. 그러면 현상학은 세계가 어떻게 우리에게 주어지는지 그리고 어떻게 새로운 방식으로 주어질 수 있는지를 다루는 학문으로서 반성 안에서 나타난다. 소박하게 주어진 세계(**존재적인 것**)의 자기

-전개는, 이 세계를 다양한 수준과 영역에 따라 하나의 현상으로 변형되도록 하는 반성 안에서, 존재적인 것과 **존재론적인 것**으로 변형한다. 후설에게 존재론적인 것은 존재에 관한 어떤 이론이나 형이상학이 아니다; 그것은 경험이 지니는 의미의 자기-드러냄이며, 따라서 현상학적 분석으로 해소된다.

회상 Rememorization, *Wiedererinnerung*

현재에서 일어나는 것은 스스로를 현재와 분리시킨다. 비록 이것이 보존된다 하더라도 말이다. 궁극적으로, 그것은 [아래로] 잠기고 잊혀진다. 그것은 그러므로 점점 더 분리되며, 그 결과 자아가 어떤 자유와 힘을 갖도록 허용한다. 현재에서 멀리 달아나는 과거는 "지금까지 변화해 온 것 *Gewordenheit*"으로서 구성된다. 행동이 수행한 결과가 남아 있으며, 그리고 행동이 우리를 구성하고, 우리 역사 안으로 구체화된다 하더라도, 행동은 [곁을] 통과하여 사라진다. 그것은 잊혀진다 하더라도 우리 안에 머물러 있다. 잊혀진 과거는 잠에서 깨움 *Weckung*, 발견 *Aufdeckung*, 그리고 반복 *Wiederholung*을 낳는다. 회상은, 자신의 모든 작업수행들과 함께, 계열 *Nacheinander*의 재구성과 역사적 과거의 안정화를 허용한다.

과거지향 또는 일차적인 떠올림 Retention or Primary Recall

과거지향은 현존의 한 양상이다. 현존은 스스로 변경된다. 그것은 갇히는 것이 아니라, "넓혀지며" 자신의 끊임없는 자기-변경에 의해 구성된다. 지금 현재인 것, 내가 듣는 음정은 지나가지만, 현재에 남아있다. 비록 새로운 음이 동시에 들려온다 하더라도.

과거지향은 직접제시 presentation라는 무매개적인 핵에서 스스로를 분리시키기 시작하는 어떤 것이며, 분리되었음에도 보존되는 어떤 것이다. 이것은 명증성과 무매개적인 지각에 가장 가까운 시간적 변경이다[Husserl, *The Phenomenology of Internal Time Consciousness*, ed. Martin Heidegger, trans. James C. Churchill(Bloomington: Indiana University Press, 1964), 57 및 75쪽 참조]. 현재는 과거지향 안에서 지나가지만, 우리는 언제나 지나가는 것을 붙잡을 수 있다 *noch-im-Griff-behalten*. 현재에서 지각의 시작은 수동적인 반면(우리는 우리가 듣는 음정을 만들어내는 사람이 아니다), 근원적 지각은 이미 수동성으로부터의 분리를 허용한다. 과거의 것을 잊고 그리고는 다시 떠올리면, 우리의 관심, 투사, 실천에 따라서 이것을 재-현존하게 하고 재구성할 수 있다. 그러나 이것들[우리의 관심, 투사, 실천]은 지금까지 지나간 현재(역사적 과거)를 확립해야만 한다. 시간의 변증법은 그러므로 역사의 변증법과 연결되어 있다.

과거를 미래로 되돌림 Reversal of the Past into the Future
이것은 현재가 과거를, 그리고 이 과거를 이해하는 것을 미래를 향한 하나의 과제와 목적(텔로스)으로 변형하는 근본적 작업수행이다; 획득할 수 없는 과거의 기원, 그리고 그곳으로 되돌아갈 수 없는 불가능성이 하나의 실천, 하나의 투사, 하나의 과제가 된다.

텔로스 Telos

텔로스는 목적지이다. 현상학은 목적론이다. 그러나 이 목적론은 "인과적" 설명들을 결과론적인 설명으로 대체하는 것이 아니다. 그보다는, 의미 구조와 인과성 그 자체 의미의 분석이다. 텔로스는 "과학적" 법칙들을 결과론으로 대체하는 것이 아니라, 모든 과학의 작업수행적 토대의 의미이다 ── 우리는 자연과학과 사회과학을 구분하지 않는다. 텔로스는 비합리의 영역 안에 선택의 여지를 남기지 않는다. 그보다는, 전범주적인 것 안에서 선택의 여지를 근거짓고, 이것의 인과성과 조건, 그리고 삶 ── 방향과 의미에 따라 세계를 변형하는 실천과 함께 세계를 경험하는 삶 ── 에 계승되는 동기를 탐구한다. 텔로스는 상호주관적 관계 안에서 실현되며, 이 관계에서 텔로스는 진리의 의미에 입각한 사회와 문화의 구성으로 나타난다.

자아의 시간성 Temporality of the Ego

자아는 그 자신에게 현존한다는 점에서 시간적[한시적]이다. 자신을 과거와 미래로 확장한다 할지라도 자아는 동일한 상태로 머물러 있다. 현재의 자아는 자신을 반성함으로써 반성의 대상인 자신을 제거하는데, 그러나 두 계기는 자아의 현실적 경험함에 언제나 재통합되어 있으며, 그리고 두 계기는 차이와 통일을 실현한다. 나의 반성의 대상인 자아는 "잠시 전에" 바로 나였던, 그리고 내가 나의 현실적 actual 반성 안에 보존하고 있는 그 자아이다. 반성을 수행하는 자아는 "잠시 전에" 바로 나였던, 그리고 내가 지금까지 [그 방향을] 향해 나아가고 있었던 그 자아가 된다. 반성은 그러므로 영속적으로 구성되며, 반면 영속성 그 자체는 현존의 자가-시간화이며, 자아를 그 자신 위에 시간적으로 반영[반성]해보는 것이다.

주제 Theme

주제는 나의 현실적 분석, 현실적 관심, 그리고 실천의 대상인 어떤 것이다. 주제화한다는 것은, 수동적인 배경 안에서 명백히 할 수 있고 의미 있는 현상으로 옮길 수 있게 나타난 것을 검토함을 의미한다. 주제화는 중심과 주변의 변증법을, 핵과 [주위]음영의 변증법을 낳는다. 주제화는 지각적이며 분석적 의식이다. 그것은 실천이 수단과 목적을, 조직화와 기획을 매개하도록 허용한다. 현상학적 경험은 주제들, 주제들의 순간적인 침묵, 주제들의 귀환, 주제들의 전경으로의 등장, 그리고 주제들의 자가-침몰이 계속해서 변화하고 연결되는 것이다. 기원이 결코 망각으로 추락하지 않고, 실천이 항상 세계의 진리 지평으로 나아가는 곳, 즉 지향적 짜임의 자가-구성 안에서 주제를 오케스트라처럼 연주하는 것이 가능하다.

초월적 미학 Transcendental Aesthetic

이것은 우리가 감각(시각, 촉각 등)을 통해 지각하는 다양한 양태들에 관한 분석이며, 일반적으로 우리가 세계 안에서 몸으로 살아가는 양태들에 관한 분석이다. 여기에서, 몸은 **감각기관들의 기관**을 의미한다. 미학적 경험은 모나드들이 서로서로 안에서 구성되어 있다는 점에서 상호주관적이다. 감정이입은 기본적으로 미학적 경험의 근본 양태들 중 하나이다. 초월적 미학은 몸의 동력학 연구와 연결되어 있다. 칸트에서는 이것이 단지 직관의 선험 형식의 정교화인 반면, 후설에게 초월적 미학은 **신체적 경험의 비판**으로 등장한다.

초월적 현상학 Transcendental Phenomenology

칸트에게서 초월적인 것은, 경험과 관련해 선험적이지만 경험 자체의 한계 내에서만 적용될 수 있는 앎이다. 후설은 보다 근본적인데, 현상학에 필수적인 필연성 때문이며, 언제나 뿌리에서 시작하기 때문이다. 그는 데카르트의 '나는 **생각한다**'와 칸트의 '나는 **생각한다**'를 분석하고, 그러나 인간에게 뿌리는 인간 그 자신이므로, 후설은 데카르트의 **자아**와 칸트의 나를 구체적인 인간과 결코 분리하지 않는다("피히테가 말하는, 스스로를 정립하는 자아가 피히테 자신의 것 말고 도대체 다른 것이 될 수 있는가?" [202쪽]). 『논리 연구』의 모든 분석은 이렇게 개념화되는 초월적 자아와 연결되어 있음이 분명하다(manuscript B II 1, 9월, 1907 참조). 결과적으로 모든 지식과 모든 인간의 작업수행들은 경험에, 시간적 지각의 변천에 기초를 두고 있다(이 점은 1904년과 같은 초기에 분명히 드러난다). 모든 경험의 전형적인 또는 형상적인 성격, 그리고 모든 경험이 타인과 연결되어 있다는 사실은, 직접적 경험으로 살아내는 **초월적 장 場** 안에서 선험적 지식을 발견하도록 근본적이고 근원적인 자아에게 허용한다. 그러므로 후설은 경험적 선험, 생활세계의 선험, 그리고 역사의 선험을 말한다. 만일 인간——개념이나 범주로서의 "인간"이 아니라, 살과 피를 가진 우리 각자——이 모든 판단을 지금까지 중지했다면, 그리고 자기 자신을 자신에게 환원했다면, 인간에게 최대치의 부를 가져다 준 것은 바로 이 "가난에의 헌신"인 것이다. 왜냐하면 이 환원으로 인간은 세계의 자기 구성과 세계가 지니는 진리의 의미를 포착할 수 있으니까 말이다.

내가 발견한 진리는, 경험과 내재성 그리고 지향성에 뿌리박고 있다면, 소유된 실재가 아니며 우상 숭배나 분리된 실재(예를 들면, 사유 *res cogitans*는 연장 *res extensa*과 분리된다)로 환원되지도 않는다. 그것은 상호주관적 관계 안에 있는 내 작업수행들의 의미이다. 내 행위들, 그리고 '나는 존재한다'와 마찬가지로 자아가 되는 모든 자아의 행위들, 즉 근원적인 자아의 행위들은 초월적인데, 왜냐하면 이것들이 일단 분리되면 다시는 재통합될 수 없는 초월성과 내재성의 종합이기 때문이 아니라, 이것들이 모든 인간성에 대해 유효한 의미를 나의 자아 안에서 갖기 때문이다.

그러므로 초월적 현상학은 사회와 역사를 구성하는 모든 살아 있는 인간의 근본적인 책임감을 드러낸다(271쪽). "드러냄"을 말하는 것은, 드러냄이 현상학을 가능케 하기 때문이다. "현상"은 문자 그대로 "햇빛에 도달한 것"을 의미하며, "φάοςβλέπειν"['빛을 보다'는 의미를 갖는 희랍어로, 확장되어 '태어나다'는 뜻으로도 사용된다]는 "살아간다"를 의미한다.

보편적 상호관계 Universal Correlation
후설에게 보편적 상호관계는 현상학의 근본 원리이다. "[우리가] 살아내는 것"은 모두 전형적 관계들에 따라 다른 것들에 연결되어

219

있다. 내가 경험하는 모든 것은 상호연관되어 있으며 하나의 모델로 간주될 수 있다. 각 개인은 타인을 포함하고 있으며, 비록 자신은 유일무이하긴 하지만, 모든 실재적이며 가능한 관계들과 연결되어 있다. 그 자체로서는 반복불가능한, 그러나 하나의 지표로서는 전형적이며 본질적인 개인의 현존에서 관계들의 분석이 출발한다. 모든 계기는 비록 시간적으로는 다른 계기들과 구별되지만, 다른 계기들을 또한 구성하는 관계들에 따라 구성된다. 본질은 어떤 실재가 아니며, 따라서 본질은 구체적 개인을 특징지을 수 있다는 사실을 이해하는 것이 근본적이다.

이념의 베일 Veil of Ideas, *Ideenkleid*

이것은 그 기원으로부터, 그러므로 그 의미-구조로부터 제거된 선입견들과 범주적 구성들의 집합이다. 현상학은 결코 어떤 이념들의 구성이 아니며, 따라서 언제나 기원에서 새롭게 시작해야 한다. 폭넓게 말하자면, 이념의 베일은 모든 이데올로기이다. 현상학이 드러냄, 즉 감추어진 것을 하나의 현상으로 바꾸어냄을 목표한다는 점에서 현상학은 모든 이데올로기에 대한 비판이다.

옮긴이의 말

그 할머니가 생각난다. 어느 신도시, 거대한 지하철역 입구 계단 구석에 앉아 버들피리 세 개를 늘어놓고 오백 원에 팔던 할머니. 몇 개나 팔 수 있었을까. 왜 그토록 잊혀지지 않는 것일까. 허리가 굽을 대로 굽어 하나의 점으로 사라져버리기라도 할 것 같던 할머니의 외양이 높디높은 흰 격자 타일벽과 대비되어 철없이 심미적인 쾌감이라도 불러일으켰던 것일까. 할머니의 노동 중 얼마만큼이 이 지하철역의 건물로 흘러 들어왔을까, 그리고 이제는 저 벽돌 하나만큼의 자리도 할머니에게는 온당하지 않은 것일까, 그래 이런 질문들이 꼬리를 이으며 이 사회의 무용성 無用性에 절망해서였을까. 시간은 흘러가지 않는다. 시간은 굽은 허리 주위로, 깊은 주름 안으로, 기대 없는 눈빛 주위로 모여 스며들고 고인다. 그리하여 주름만은 우리의 시대를 타협 없이 증언한다. 그러나 "적을 가치가 있는 것 중 어떻게 글로 적어야 할지 알고 있는 것이란 얼마나 적은가."

그 할머니, 세상을 어떻게 기억하며 떠났을까.

이 책은 만남에 관한 것이다. 만남. 단지 우연이라고, 필연이라고도 말할 수 없는 만남을, 세 가지 과거의 만남과 다가올 미래의 어떤 만남을 기록하고 있다. 우선, 이탈리아의 한 철학자가 세계

를 만나 '살아내며' 겪은 체험과 사색이 이 책에는 담겨있다. 철학
은 사랑이며, 사랑은 경이로움에서 시작된다. 내 앞에 바로 이렇
게 있는 세계를 새롭게 느끼는 경이로움, 그 경이로움을 이 철학자
는 전달하고 있다. 광장의 공포, 빗속의 도시, 고속도로에서 바라
본 들판, 높이 치솟은 고층건물…. 저자는 강인한 정신으로 사색
을 이어가며, 단호한 어조와 가식 없는 문체로 보고 생각했던 것들
을 적어내려 가고 있다. 세계와의 만남은, 그러나 자신이 목격한
것들을 기술하는 것에 머무르지 않는다. 내가 보았던 것, 느꼈던
것에 대한 반성은 언제나 나 자신에 대한 질문으로 회귀한다. 지금
까지의 나, 내가 걸어온 길, 내가 보고자 했고 느끼고자 했던 것은
무엇이었나 하는 물음이 뒤따르며, 이것들이 내가 알고 있던 세계
와 무관하지 않음을 알게 된다. 그리고 우리는 여기에서 다음과
같은 것을 발견한다. 관념과 대상간의 일치가 아닌, 내 안에 언제
나 있는 진리. 삶의 평가기준으로서의 선 善이 아니라, 내가 지향
하는 삶으로서의 선. 제1원리로 환원되지 않는, 빛과 그림자의
구체적인 만남인 바로 나 자신.

　또한 우리는 이 일기에서 철학자들의 만남을 발견한다. 1945년,
한 사람은 수고의 복사본을 선물로 주었고, 다른 한 사람은 빵
한 덩어리를 침대에 놓고 떠났다. 그리고 1960년, 한 쪽은 복사본
을, 또 한 쪽은 빵의 기억을 지니고 있다. 남루한 삶에 철학은
어떻게 마주서야 하는가. 이 일기에는 참혹한 제2차대전 후, 충격
속에서 회의를 이겨내며 새로운 사유를 향해 전진해 가는 일군의
철학자들의 모습이 비친다: 사르트르, 메를로-퐁티, 리쾨르. 서구
사회가 직면한 절대적인 위기, 그 앞에서 다시금 절실한 질문을

던지는 이 철학자들은 현상학이라는 철학을 통해 조우하며, 그곳으로부터 출발하고자 한다. 시간, 악, 의식 등의 근원적인 문제에서 팽팽한 긴장을 늦추지 않는 이들이 서로 그다지 멀지 않게 느껴지는 것은 바로 이 때문일 것이다. 또한 이 글의 저자는, 문명의 새로운 가능성을 타진하기 위해 갈릴레오와 발레리와 프루스트와 조이스를 불러 세워 대화를 시도한다.

그리고, 저자가 서문에서 밝히는 것처럼, 이 글은 현상학과 맑스주의의 만남에 관한 기록이다. 이 만남은 이상해 보인다. 일반적으로 알려진 것으로는, 현상학은 순수 의식의 문제를 다루는 반면에, 맑스주의는 물질의 생산과 분배의 관점에서 사회의 역사적 변화를 다룬다. 그러나, 이 글의 저자에 따르면 후설의 현상학은 최종적으로 맑스주의와 동일한 지평의 문제에 도달하였고, 다른 한편으로 맑스주의의 위기는 현상학적 관점에 입각해 극복되어야 한다. 후설이 주장한 바, 근대 과학의 문제는, 과학이 자신하는 객관성이 주체의 작업수행의 영역인 생활세계를 토대로 해 획득된다는 사실을 망각했다는 데에 있다. 파치에 따르면, 그런데 이 생활세계는 필요욕구의 충족을 위한 활동에 의해 구성되고, 이 지점에서 현상학은 맑스주의와 조우한다. 마찬가지로 맑스주의의 이론들 역시 하나의 근대 과학으로서 자신의 텔로스를 상실한 채 위기에 봉착해 있음을 발견할 수 있다. 그러나 이러한 현상학적 맑스주의라는 이론적 입장이 사실 그리 낯설기만 한 것은 아니다. 저자의 주저『학문의 기능과 인간의 의미』(1963년에 출판, 1972년에 영역)의 영역자인 폴 피콘 Paul Piccone은 H. 마르쿠제, T. 타오, L. 골드만, K. 코지크의 문제 의식을 이어받으며 심화시키는 자리에 파치를 위치시키고 있다.

일기는 "무언가 잘못 되었음을 느낀다"는 독백으로 시작한다. 그리고 일기는, 흑인을 이해하지 못하는 한 영원히 백인은 자신의 이해가 충분할 수 없다고 끝맺고 있다. 이 글 전체는, 일인칭인 나 자신이 타인을 어떻게 이해할 수 있는가에 관한 탐구와 실험을 담은 것으로 이해되어도 좋으리라. 저자는 이 과제를 해결하기 위해, 자신의 개인적인 경험을 되돌아보고, 새로운 철학적인 구상을 우리 앞에 제시한다. "지금 우리 자신의 모습이기 위해 버린 삶, 우리가 자유롭게 버린 삶뿐만 아니라, 버리도록 사실이 강요한 삶들이 다른 [타인의] 삶들이며, 이 다른 삶은 우리 안에서는 비존재의 존재로 현존한다." 그러나 이 과제는 완결되지 않았다. 모든 철학적 가설은 우리를 앞질러가지 않는다. 앞으로 어떻게 만남을 채워야 할지는 이제 바로 당신, 우리의 몫으로 남겨져 있다. 미래의 어떤 만남. 멈추지 않을, 멈추는 순간 정말 모든 것이 끝나버릴 만남. 세상을, 세상의 기억을 만들어나갈 만남. 하긴, 저자와 나, 그리고 당신의 만남은 이미 여기에서 시작된 셈이다.

관계와 시간. 파치의 현상학은 이 두 가지 큰 축을 따라 형성된다. 우선, "주체는 실체가 아니며, 관계들의 중심으로 언제나 해소된다." 경험은 관계의 산물이며, 경험만이 유일한 출발점이다. 이때 이 경험은 의식적 경험이 아니라, 의식에 앞서 신체가 겪는 경험이다. 그러므로 '나는 생각함을 부정할 수 없다[이 순간에도 나는 생각하니까]'는 코기토의 증명은 '나는 살아감을 부정할 수 없다[이 순간에도 나는 살아가니까]'는 것으로 정정되어야 한다.

살아감은 우리가 시간적인 존재임을 뜻하며, 잊혀지는 시간들과 함께 의미들이 사물에 퇴적됨을 말한다.

그러므로 진리는 시간과 본질적인 관계를 맺는다. 진리는 단순히 대상과의 일치나 잊혀진 기원으로의 회귀가 아니라, 그 기원으로부터 멀리 떠나온 퇴적의 역사를 밝히는 작업이 된다. 진리를 발견하기 위해서는 시간을 제거해야 하는 것이 아니라, 비가역적인 시간이 생산하는 의미를 끊임없이 새롭게 밝혀내야만 한다. 즉 시간은 진리와 부정적인 관계를 맺는 것이 아니라, 적극적인 관계를 맺는다. 그러나 우리가 가진 진리관이 시간과 적극적으로 관계 맺기에는 아직 충분치 않다. 이 두 축이 결합되면서, 비로소 관계로서의 신체가 생산하는 역사성을 해명하는 학문이 가능하게 될 것이다.

그러나 이러한 설명은 어차피 불충분한 요약일 뿐이다. 저자의 자유로운 사유의 흐름은 글의 여백과 분리될 수 없다. 시처럼 읽어 달라는 저자의 주문을 독자들에게 전한다. 단편들이지만 깊은, 저자의 생각들이 리듬에 맞추어 움직인다. "룰리가 춤을 추듯이."

저자는 현상학의 이념을 이해하는 가장 빠른 길을 이 글을 통해 만들어내고 있다. 모든 사유가 자신을 적절히 표현할 수 있는 형식을 발견한다고 할 때, 현상학에 가장 적절한 스타일은 아마도 일기일 것이다. 한편, 이 글은 저자가 1963년에 출판한『학문의 기능과 인간의 의미』에 도달하게 되는 작업일지에 해당한다. 『학문의 기능과 인간의 의미』가 현상학과 맑스주의의 만남의 이론적 성과물을 보존하고 있다면, 이 일기는 그러한 만남이 어떻게 이루어지게 되었는가를 보여주는 사유의 발생적 운동을 담고 있다. 이 글은 우리에게는 분명 익숙지 않은 스타일의 글이지만, 이탈리아에서는 '사지오 saggio'라고 해서 하나의 독립적인 장르에 속하는 글이다. 에세이와는 구별되며, 학자가 자신의 이론적 작업을 해나가는 과정에서 겪는 학문적 경험을 비학술적인 언어에 실어 대중들에게 전달하는 목적을 갖는다. 아마도 이러한 장르가 발전한 것은, 신문이나 저널을 통해 동시대의 사회 문제의 토론에 적극적으로 개입할 때에만 비로소 지식인으로 인정받는 이탈리아의 사회적 분위기와도 무관하지 않을 것이다.

철학을 전공하지 않는 독자들과 철학 전공자들 모두에게 전달할 만한 번역서를 만들겠다는 욕심으로 번역에 임했지만, 이렇게 책이 나오고 보니 두 마리 토끼 다 놓쳐버린 것만 같다. 번역 용어와 관련해서, 한 가지만 덧붙이고 싶다. 가장 평범하면서도 이 글에서 가장 강조가 많이 되는 단어가 '살다 live'라는 말인데, 우리말의 어법과는 달리 빈번히 수동태나 타동사로 등장한다. '체험하다' 등의 다른 한자어로 대체하면 이런 용법들을 표현하기에는 보다 용이하겠지만, 그 단어의 평범함과 일상성을 살린다는 취지에서, 좀 어색하더라도 '(우리가) 살아내는'과 '(무엇 무엇을) 살다' 등으로 번역하였다.

철학 또는 현상학을 전공하지 않은 독자들을 위해 본문 뒤편에 용어 해설을 덧붙였다. 저자가 직접 쓰고 『학문의 기능과 인간의 의미』에 부록으로 실린 것이므로 이 글과도 긴밀한 연관 관계를 보여준다. 하지만, 막상 옮겨놓고 보니 오히려 본문이 이 딱딱한 용어 해설을 쉽게 풀어 설명하고 있는 것은 아닌가 하는 생각이

든다. 현상학에서 전문적으로 사용되는 용어들이 어떤 것인지 확인하는 정도로만 사용해도 좋겠다.

염치없이 빚만 지며 살아온 삶인지라, 이 좁은 지면을 빌어 감사드려야 할 사람이 많다. 우선, 어울리지 않은 전력에도 불구하고, 좁은 책상 위에 철학책을 쌓기 시작했던 것은 무엇보다 연극반 사람들 덕택이었을 것이다. 특히, 가장 외롭고 힘든 시절 따뜻한 자리를 만들어주었던 이정민 형과 하수진, 늘 조급한 내 마음에 여유를 심어주는 김소영 누나에게 고마운 마음을 전한다. 치기어린 투정에도 늘 웃음으로 대해 주었던 선배들, 박형준 형, 정성훈 형, 양준호 형에게도 안부를 전한다. 그리고 누구보다도, 지금은 캐나다 요크 대학에서 공부하고 있는 홍기빈 형의 관심과 질책이 없었다면, 대책 없는 방황을 아직도 하고 있을지 모를 일이다. 이 번역 자체가 그의 제안에서부터 시작되었다. 형은 영역본 수고 手稿를 포함해 관련된 모든 자료를 보내주었을 뿐만 아니라, 저작권 문제 해결을 위해서도 큰 힘을 써주었다. 뒤늦게 고백컨대, 애써 노력했지만 이들 중 누구 하나 닮지 못했다.

그리고 1999년 가을, 미술관에서 함께 일했던 친구들의 얼굴이 떠오른다. 상순, 용신, 영미, 영일, 보라, 민아, 민욱, 철호…. 신기하게도 이들은 삶을 채색하는 법을 알고 있었다. 회화, 조각, 만화, 연극, 전시, 그 어디쯤을 헤치며 삶을 증명하려는 그들에게 두려움 없는 행복이 따르기를. 잊을 수 있을까, 그곳에서 발견했던 환상과 우정 그리고 사랑.

번역 과정 동안 격려해주셨고 외국 체류의 바쁜 일정 속에서도 추천의 글을 써주신 이남인 선생님, 부족한 능력에 스스로 실망할 때마다 늘 격려해주셨던 김상환 선생님께 이 자리를 빌어 깊이 감사드린다. 그리고 많은 선생님과 학생들의 지지를 받고는 있지만, 여전히 외로운 싸움을 하고 계시는 미대 김민수 선생님께도 하루빨리 정당한 결과가 찾아오길 기원한다.

이 책과 관련해서, 누구보다 한국외대 이탈리아어과에 재학 중인 최병진 학형에게 감사드려야 하겠다. 그는 나의 번역 초고를 이탈리아어 원본과 일일이 대조하고 수정하는 수고스러운 작업을 선선히 맡아주었다. 중역의 부담을 한결 덜어낸 것은 모두 그의 덕분이다. 그리고 이 일기의 영역자인 루이지 비안키 Luigi M. Bianchi 교수의 진심어린 호의도 기억해야겠다. 그는 자신의 일처럼 이탈리아 출판사와의 계약을 원만히 이끌어주었다. 무엇보다 어려운 출판 여건 속에서도 기꺼이 책을 만들어 독자들 앞에 내어준 <이후>의 '결단'이 아니었다면, 이 책이 빛을 보게 된 것은 애초에 불가능한 일이었을 것이다.

이 책을 부모님께 바친다고 말하는 것은 적절치 않다. 먼 외국인의 손을 빌려 씌어진 이 책이 번역되어 당신께 되돌아오기까지 차라리 너무 긴 시간이 걸렸다. 별다른 보상 없이 다섯의 삶을 이끌어오셨던 아버지, 역시 살아가기 위해 이상주의적인 감성에 너무 많은 상처를 감당해야 했던 어머니, 이 책의 수많은 페이지에는 바로 그 분들의 기록이 담겨 있음을 나는 믿는다.

이천 년 초겨울 밤에
옮긴이 이찬웅

옮긴이 이찬웅

서울대학교 전기공학부를 졸업했으며, 재학 시절 '총연극회'에서 연극반 활동을 했다. 현재는 같은 학교의 철학과 대학원 석사과정에 재학 중이다. 지금 번역하고 있는 다른 책으로는 질 들뢰즈의 『주름: 라이프니츠와 바로크』가 있다.